1000 Bücher rund ums Buch

Eine Literaturempfehlung

Autorenhaus-Verlag Plinke
Glienicke bei Berlin

Es gibt mehr Bücher über Bücher
als über irgendeinen anderen Gegenstand.

Montaigne, Essais 3

ISBN 3-932909-90-9

Erste Auflage 1997
Lektorat: Gerhild Tieger
© Autorenhaus-Verlag Plinke, 1997
Printed in Germany

Inhalt

LIEBE BÜCHERFREUNDINNEN,

LIEBE BÜCHERFREUNDE,

in unserer neuen Taschenbibliothek stehen Bücher
über Bücher: Über 1000 Titel sind es geworden.
Einige davon können wir Ihnen ausführlicher vorstellen.

Eine ungewöhnliche Vielfalt von Fachliteratur
und aufregende belletristische Werke rund ums
Buch haben wir für Sie entdeckt, Wörterbücher
und Lexika mit soliden, Sachbücher mit manchmal
strengen und Schöngeister mit verführerischen
und aparten Buchgesichtern getroffen.

*Bücher haben viel Angenehmes für die, welche die
richtigen aussuchen können,* sagt Montaigne – wir
würden uns freuen, wenn diese Taschenbibliothek
Ihnen dabei hilft.

Bis zur nächsten Ausgabe,

Ihr
MANFRED PLINKE

P.S. Wenn Sie vom Erscheinen unserer nächsten Ausgabe
informiert werden möchten, geben Sie uns bitte Nachricht.

Autorenhaus-Verlag Plinke
16548 Glienicke bei Berlin, Hattwichstrasse 66
Tel. 033056 - 96300 Fax 033056 - 77859

Autoren

Absichten und Einsichten. Texte zum Selbstverständnis zeitgenössischer Autoren.
Reclam Kt DM 12,-
ISBN 3-15-008640-X

Alles Theater?
Autorinnen und Autoren im Gespräch. 1992. 156 S. Edition die Donau hinunter DM 34,-
ISBN 3-901233-01-6

Ansichtssache.
Deutsche Autoren in Fotografien. Eine Ausstellung der Stadtbücherei Pforzheim 1990. 84 S. Stadt Pforzheim Stadtarchiv Kt DM 10,-
ISBN 3-9800843-6-1

Der Autor im Dialog.
Beiträge zu Autorität und Autorschaft. 1995. 210 S. UVK Gb DM 58,-
ISBN 3-908701-02-3

Autoren, Bücher, Verleger.
Briefe aus dem Zeitraum 1747-1873. 1977. 88 S. Hauswedell, Br DM 48,-
ISBN 3-7762-0152-5

Autorentypen.
1991. VII,176 S. Niemeyer, M Ln DM 68,-
ISBN 3-484-15506-X

Autoren- und Verlegerbriefe des Aufbau-Verlages 1945-1969.
3 Bde.1995. Zus. 1335 S., 74 Fotos u. Faks. AtV Br iKass zus DM 39,90
ISBN 3-7466-8020-4

Band 1: **Allein mit Lebensmittelkarten ist es nicht auszuhalten...** Autoren- und Verlegerbriefe 1945-1949. 1991. 412 S., 25 Abb. AtV Br DM 19,80
ISBN 3-7466-0001-4

Band 2: **... und leiser Jubel zöge ein.**
Autoren- und Verlegerbriefe 1950-1959. 499 S., 24 Fotos u. Faks. AtV Br DM 19,80
ISBN 3-7466-0108-8

Band 3: **Das letzte Wort hat der Minister.**
Autoren- und Verlegerbriefe 1960-1969. 1994. 424 S., 25 Fotos u. Faks. AtV Br DM 19,90
ISBN 3-7466-8010-7

Autor und Vermittler.
Hauptfaktoren des literarischen Lebens I. 2. Aufl. 1978. 96 S., zahlr. Abb Oldenbourg Br DM 23,80
ISBN 3-486-02452-3

Der Autor, der nicht schreibt.
Versuche über den Büchermacher und das Buch. 1989. Fischer Tb

Kt DM 16,80
ISBN 3-596-24444-7

Autoren in Baden-Württemberg.
Ein aktuelles Nachschlagewerk. 1991. 640 S. Silberburg Br DM 9,80
ISBN 3-925344-94-2

Autoren-Musik.
Sprache im Grenzbereich der Künste. 1993. 114 S. Ed. Text & Kritik Br DM 24,- ISBN 3-88377-448-0

Autorenfilm - Filmautoren. 1995. ca. 200 S. Wespennest Ebr DM 30,-
ISBN 3-85458-513-6

Bednarz u. Marx
Von Autoren und Büchern
Im Gespräch mit Schriftstellern 304 S., Pb Hoffmann u. Campe
ISBN 3-455-10364-2

Berlin - ein Ort zum Schreiben.
347 Autoren von A bis Z. Porträts und Texte. Vorw. v. Jens, Walter. Hrsg. v. Kiwus, Karin. 1996. 560 S., 347 Fotos Aufbau, Br DM 49,90
ISBN 3-351-02441-X
Warum dieses Nachschlagewerk nicht unter Lexika zu finden ist? Jedem mit Bild vorgestellten Autor ist ein Text beigegeben – also ein Buch auch zum Kennenlernen. Eine literarische Versammlung in Berlin lebender Autoren in einer Zeit des Umbruchs, wie in mancher Biographie nachlesbar.

Berliner Geschichten. **"Operativer Schwerpunkt Selbstverlag".** Eine AutorenAnthologie: wie sie entstand und von der Stasi verhindert wurde. 1995. 350 S. Suhrkamp Kt DM 17,80 ISBN 3-518-38756-1

Bermann Fischer, G. /Bermann Fischer, B. **Briefwechsel mit Autoren.** 1990. 864 S. Fischer, Ln DM 148,- ISBN 3-10-021602-4

Blickpunkt: Autor. 1996. IV,186 S. Schneider Hohengehren Kt DM 29,80 ISBN 3-87116-495-X

Borges, Jorge L **Von Büchern und Autoren.** Rezensionen 1936-1939. 1994. 384 S. Fischer Tb Kt DM 18,90 ISBN 3-596-10580-3

Dahm, Volker Das jüdische Buch im Dritten Reich. Bd 1: **Die Ausschaltung der jüdischen Autoren, Verleger und Buchhändler.** 1979. 150 S. Buchhändler-Vereinig. Gb DM 80,- ISBN3-7657-0859-3

Deutsches Jahrbuch für Autoren. Wie ich den richtigen Verlag finde oder mein Buch selbst verlege. 1997. 268 S., 18 Abb. Autorenhaus-Verlag Plinke Pp DM 36,- ISBN 3-9804980-2-6

Dierking, J. /Kellner, K./Laudowicz, E. **Literaturszene Bremen, Bremerhaven & umzu.**

Autoren und Adressen. 80 Fotos Bremer Literaturkontor e.V. 1993. 192 S. Kellner Efal DM 10,- ISBN 3-927155-08-X

Diogenes Autoren Album.. 1996. 384 S. Diogenes Kt DM 10,- ISBN 3-257-22900-3 **250 Diogenes-Autoren vorgestellt mit Foto, Kurzbiographie und Bibliographie – ein literarischer Spiegel verlegerischen Schaffens.**

Essen und Trinken mit Theodor Fontane Ich bin nicht für halbe Portionen. 1997, 140 S., AtV DM 12,40 ISBN 3-7466-5299-5

Exil ohne Ende. Das PEN-Zentrum deutsch-sprachiger Autoren im Ausland. 92 S. Bleicher Gb DM 32,- ISBN 3-88350-610-9

Exil. Widerstand. Innere Emigration. Badische Autoren zwischen 1933 u. 1945. 1993. 170 S., 11 Abb. Isele, Kt DM 24,- ISBN3-86142-015-5

Fischer, H. /Fischer, S. **Briefwechsel mit ihren Autoren.** 1990. 1220 S. Fischer, Ln DM 148,- ISBN 3-10-021503-6

Gegenwart im Licht der Geschichte Autorentagung zur israelischen Literatur 1993. 96 S. Pb Ev. Akademie Loccum DM 12,-- ISBN 3-8172-5293-5

Graf, Johannes **Die notwendige Reise.** Reisen und Reiseliteratur junger Autoren während des Nationalsozialismus. 1995. 363 S., 7 Abb. Metzler Kt DM 55,- ISBN 3-476-45069-4

György, Konrad **Eine Stimme aus Mitteleuropa (Autorentagung)** 1996. 156 S. Pb Ev. Akad. Loccum DM 12,-ISBN 3-8172-5894-1

Hage, Volker **Alles Erfunden.** Porträts deutscher und amerikanischer Autoren. 1995. 320 S. dtv Kt DM 26,90 ISBN 3-423-19032-9

Hall, M. /Renner, G. **Handbuch der Nachlässe und Sammlungen österreich. Autoren.** 2. Aufl. 1995. 464 S. Böhlau Gb DM 140,- ISBN 3-205-98371-8

Hanno-Weber, Sabine **Namengebungsmotivationen zeitgenössischer Hamburger Autoren.** 1997. 243 S. Lang Br DM 69,- ISBN 3-631-31092-7

Hermlin, Stephan **Lektüre.** Über Autoren, Bücher, Leser. 1997. 180 S. Wagenbach Pb DM 17,80 ISBN 3-8031-2276-7

Herrmann, I. /Staehr, C. **Fibel für Fach-Autoren.** 1979. 56 S., 9 Abb. Hoffmann Kt DM 7,50 ISBN 3-87344-051-2

HighTech - LowLit?
Autoren und Computer.
1989. 392S. Spiess, DM
78,- ISBN3-89166-755-8

Ingold, F/Wunderlich, W
**Fragen nach dem
Autor.** Positionen und
Perspektiven. 1992. 316
S. Universitätsvlg Konstanz Gb DM 68,- ISBN
3-87940-405-4

Kästner, Erhard
Was die Seele braucht.
Erhard Kästner über Bücher und Autoren.1994.
ca. 240 S.,11 Abb. Insel
Ln DM 48,-
ISBN 3-458-16613-0

Klug, Sonja
Bücher für Ihr Image.
Leitfaden für Unternehmen und Business-
Autoren. 1996. 308 S.
Orell Füssli Gb DM 68,-
ISBN 3-280-02339-4

Knorr, Herbert
**Zwischen Poesie und
Leben.** Geschichte der
Gelsenkirchener Literatur und ihre Autoren von
den Anfängen bis 1945.
1996. 544 S., zahlr.Abb.
Klartext Br DM 48,-
ISBN 3-88474-382-1

Lindstedt, Hans D.
**Jeder zweite Herz-
schlag.** Begegnungen
mit Autoren in Mittel-
deutschland. 1989. 140
S. Bublies Pb DM 17,80
ISBN 3-926584-07-6

**Literatur-Landschaft
Österreich.**
Wie sie einander sehen,
wie die Kritik sie sieht:
40 prominente Autoren.

1995. 160 S.,Brandstätter
Ln DM 69,90
ISBN 3-85447-600-0

**Literaturvermittler um
die Jahrhundertwende**
Der J.C.C. Bruns-Verlag,
seine Autoren und Über-
setzer. 1996. 223 S., 8
farb. u. 55 schw.-w. Abb.
Röhrig Br DM 58,-
ISBN 3-86110-094-0

Mann, Thomas
**Briefwechsel mit Auto-
ren.** Hrsg. v. Wysling,
Hans. 1988. 824 S. Fi-
scher Ln DM 98,-
ISBN 3-10-048176-3

Martens, Wolfgang
Lyrik kommerziell.
Das Kartell lyrischer
Autoren 1902-1933.
1975. 184 S. Fink Kt
DM 36,-
ISBN 3-7705-1229-4

Maugham, W.Somerset
**Zehn Romane
und ihre Autoren.**
Keine Autobiographie.
1994. 464 S. Diogenes
Ln DM 45,-
ISBN 3-257-06021-1

Meynecke, Dirk R
Die Autoren-Fibel.
Von der Idee zum Bu-
cherfolg. 1991. 272 S.
Ehrenwirth Gb DM 44,-
ISBN 3-431-03158-7

Möbius, Regine
**Autoren in den neuen
Bundesländern.**
Schriftsteller-Porträts 30
Fotos 1995. ca. 200 S.
Thom Br DM 19,80
ISBN3-930383-11-X

Münzel, Uli
**Badener Autoren und
Autorinnen aus 500
Jahren.**
1989. 192 S. Baden-Vlg
Pp SFr 19,80
ISBN 3-85545-043-9

**Neuerscheinungen
österreichischer Auto-
rinnen und Autoren.**
Kommentierte Bibliogra-
fie. 1992. 1993. 72 S.
Zirkular. Sondernr. ÖS
40,- ISBN3-900467-35-8

**Österreichische Auto-
rinnen und Autoren.**
Debuts der letzten zwan-
zigJahre. 1995. 192 S.,
67 s/w Abb. Böhlau Br
DM 58,-
ISBN 3-205-98477-3

v. Olenhusen, A. Götz
**„Der Weg vom Manu-
script zum gedruckten
Text ist länger, als er
bisher je gewesen ist"**
Walter Benjamin im
Raubdruck 1969-1996.
110 S., Br., DM 25,- Li-
belle Verlag
ISBN 3-909081-82-7

Piper, Reinhard
**Briefwechsel mit Auto-
ren und Künstlern
1903-1953.**
1979. 605 S., 49 Faks.,
Frontispiz. Piper, Ln DM
78,-ISBN 3-492-02455-6

Raabe, Paul
**Die Autoren und Bü-
cher des literarischen
Expressionismus.**
Ein bibliographisches
Handbuch. Sonderausg.
1997. XV,1049 S., 245
Abb., 77 Fotos, Metzler,
Gb DM 128,-
ISBN 3-476-00756-1

Reifsteck, Peter
**Handbuch Lesungen
und Literatur-
veranstaltungen**.
1994. 150 S., 8 Abb.
Reifsteck, iOrd DM 78,-
ISBN 3-922473-20-2

Rost, Dietmar
**Sauerländer Schrift-
steller.** Autoren des kur-
kölnischen Sauerlandes
im 19. und 20. Jahrhun-
dert. 222 S. Grobbel,
DM 24,80
ISBN 3-922659-93-4

Ruiss, Gerhard
**Handbuch für Autoren
und Journalisten.**
1995. 416 S. Buchkultur
Br DM 52,80
ISBN 3-901052-23-2
**Das Handbuch für
österreichische Au-
torinnen und Autoren
aus dem Verlag der
Buchkultur bietet zu-
sätzliche Information
für Journalisten, mit
zahlreichen Beiträgen
zu Vertrags-, Rechts-
und Steuerfragen.**

Ruiss, G. /Vyoral, J.
IG Autoren 1971-1991.
Von der Gründung bis
zum Literaturhaus. Do-
kumentation. 1991. 548
S., 233 Abb. Autoren-
solidarität DM 43,-
ISBN 3-900419-10-8

Ruiss, G. /Vyoral, J.
**Die Literatur der öster-
reichischen Klein- und
Autorenverlage.**
1990. ca. 50 S., Ill. Autorensolidarität DM 7,-
ISBN 3-900419-09-4

Scholdt, G.
Autoren über Hitler
Deutschsprachige
Schriftsteller 1919-1945
und ihr Bild vom „Füh-
rer" 1012 S. Geb. Bou-
vier DM 148,--
ISBN 3-416-02451-6

Seyppel, Joachim
**Ich bin ein kaputter
Typ.**
Bericht über Autoren in
der DDR. 1982. 272 S.
Limes Br DM 29,80
ISBN 3-8090-2190-3

Stein, Elisabeth
**Autorenbewusstsein in
der frühen griechischen
Literatur.** 1990. 200 S.
Narr, Gb DM 78,-
ISBN 3-8233-4234-7

Strallhofer-Mitterbauer
**NS-Literaturpreise für
österreichische Auto-
ren.** Eine Dokumentati-
on. 1994. 152 S. Böhlau
Br DM 58,-
ISBN 3-205-98204-5

Strelka, Joseph P.
**Mitte, Maß und
Mitgefühl**
Werke und Autoren der
österreichischen Litera-
turlandschaft. 1997, 224
S. Br., Böhlau DM 58,-
ISBN 3-205-98684-9

**Stückebörse d. IG-
Autoren.** Hrsg.: Anders,
A, Ruiss, G. Katalog
1997. 96 S. IG österr.
Autorinnen Autoren DM
7,- ISBN 3-900419-24-8

Synkope.
Ärzte als Autoren. 1980.
80 S., Atrioc Kt DM 12,-
ISBN 3-88853-203-5

Tabbert, Reinbert
Kinderbuchanalysen.
Autoren - Themen -
Gattungen. 1989. ca. 260
S. dipa Br DM 38,-
ISBN 3-7638-0131-6

**Tondokumente des
deutschen Buchhandels**
Originalaufnahmen mit
Verlegern, Buchhändlern
und Autoren. 1988. 32 S.
Begleith., 12 Toncass.,
Laufzeit je 60 Min.
Eichborn, DM 128,-
ISBN 3-8218-5000-0

**Das vergängliche über-
listen.** Selbstbefragungen
deutscher Autoren. 1996.
201 S. Reclam Leipzig
Kt DM 18,-
ISBN 3-379-01563-6

Unseld, Siegfried
**Der Autor und sein
Verleger.**
Vorlesungen in Mainz
und Austin. 1986. 350 S.
Suhrkamp Kt DM 12,-
ISBN 3-518-37704-3

**Verzeichnis der ge-
druckten Briefe deut-
scher Autoren des 17.
Jahrhunderts.**
ca.12 Bde in 2 Tln. Har-
rassowitz, OBr DM 268,-
ISBN 3-447-03034-8

Allert-Wybranietz, K.
**Wie finde ich den rich-
tigen Verlag?**
DM 9,80 Heyne
ISBN 3-453-00383-7

**Zeit-Museum der 100
Bilder.** Autoren und
Künstler über ihr liebstes
Kunstwerk. 1994. 430 S.
Insel Kt DM 38,80
ISBN 3-458-32913-7

Autorinnen

Aus: Neue Geschichten für Bücherfreunde, Engelhorn

Dahlke, Birgit
Papierboot.
Autorinnen aus der DDR - inoffiziell publiziert. 1997. 386 S. Königshausen u. Neumann Br DM 74,- ISBN3-8260-1277-1

Denkerinnen. Endlich diese Wirklichkeit. Ill. 1995. 108 S.du Zeitschrift11/93 DM 16,- ISBN 3-908516-62-5

Flitner, Christine
Frauen in der Literaturkritik.
Gisela Elsner und Elfriede Jelinek im Feuilleton der Bundesrepublik Deutschland. 1995. 200 S. Centaurus Br DM 58,- ISBN 3-8255-0003-9

Die Frau als Heldin und Autorin.
Neue kritische Ansätze zur deutschen Literatur. 1979. 291S. Francke, Kt DM 88,-

Eine Frau ist eine Frau ist eine Frau...
Autorinnen über Autorinnen. 1985. 200 S. Promedia Pb DM 24,-

From Jane Austen to Virginia Woolf
Englische Autorinnen romantisch, realistisch, ironisch. Engl. /Dt. 1995. 184 S. dtv, Kt DM 11,90 ISBN 3-423-09332-3

Geld macht Sinn lich.
Österreichische Autorinnen u. Autoren über Kunst und Geld. Hrsg. BAWAG, 1996. 154 S. Ueberreuter, Br DM 26,80 ISBN 3-8000-3653-3

Ich war das Kind, dem alle Wolken sangen
Schriftstellerinnen erzählen aus ihrer Kindheit 1997. Econ DM 36,- ISBN 3-547-71566-0

Kammler, Eva
Zwischen Professionalisierung und Dilettantismus. Romane und ihre Autorinnen um 1800. 1992. 261 S. Westdeutscher Vlg DM 48,-

Kebir, Sabine
Frage nicht nach deinem Anteil
Elisabeth Hauptmanns Arbeit mit Bertolt Brecht 1997. 292 S. 10 Fotos, Aufbau, DM 39,90 ISBN 3-351-02462-2

Fischer, Caroline
Was Mädchen schreiben. Wege zu Selbstfindung und Emanzipation. 1996. 152 S. 3 Lit Münster Br DM 29,80 ISBN 3-8258-2942-1

"Frauenberufe" im Fernsehen - Frauen in Fernsehberufen. 1994. 328 S. Dt. Studien Vlg Br DM 54,- ISBN 3-89271-494-0

Frauen, Literatur, Geschichte.
Schreibende Frauen vom Mittelalter bis zur Gegenwart. 1988. 560 S. Suhrkamp Kt DM 22,80 ISBN 3-518-38103-2

Mueller, Elvira Y.
Frauen zwischen "Nicht-mehr" und "Noch-nicht".
Weibliche Entwicklungsprozesse in der Literatur von Autorinnen der Gegenwart... 1994. 194 S. Lang, Br DM 57,- ISBN 3-906751-87-2

Fürs Theater schreiben.
Über zeitgenössische deutschspr. Theaterautorinnen. 1986. 224 S. cm. Schreiben 29/30 Zeichen u. Spuren Kt DM 21,- ISBN 3-924588-57-0

Kord, Susanne
Ein Blick hinter die Kulissen.
Deutschsprachige Dramatikerinnen im 18. und 19. Jahrhundert. 1992. 509 S., 3 Abb. Metzler, Kt DM 85,- ISBN 3-476-00835-5

Kord, Susanne
Sich einen Namen machen. Anonymität und weibliche Autorschaft 1700-1900. 1996. 240 S. Metzler, Kt DM 48,-
ISBN 3-476-01438-X

Literatur und Leben. Stationen weiblichen Schreibens im 20. Jahrhundert. Hrsg. v. Chr. Bürger unter Mitarb. v. Lena Windhoff. 1996. 196 S. Metzler, Kt DM 55,- ISBN3-476-45154-2

Malende Frauen. Schreibende Frauen. Künstlerinnen in unserer Gesellschaft. 1990. 115 S., 30 Abb. Info-Vlg Karlsr. Pb DM 20,-
ISBN 3-88190-116-7

Metz-Becker, Marita
Schreibende Frauen. Marburger Schriftstellerinnen des 19. Jahrhunderts.
1990. 107 S., 40 Abb. Rathaus-Vlg Br DM 12,-
ISBN 3-923820-30-5

Opfermann, Susanne
Diskurs, Geschlecht und Literatur. Amerikanische Autorinnen des 19. Jahrhunderts. 1996. 365 S. Metzler, Kt DM 68,-
ISBN 3-476- 01439-8

> Eine Frau muss wie eine Frau schreiben, aber mit der Distanz und der Kühle eines Mannes.
>
> Natalia Ginzburg

Siegel, Eva M.
Jugend, Frauen, Drittes Reich.
Autorinnen im Exil 1933-1945. 1993. 172 S. Centaurus Br DM 38,-

Socher, Helene M.
Frauenphantasien. Dargestellt an Frauenfiguren narrativer Gegenwartsliteratur deutschspr. Autorinnen. 1994. 288 S. Profil Kt DM 48,-

Schenk, Herrad
Die Rache der alten Mamsell
Eugenie Marlitts Lebensroman. 1996 Kiepenheuer & Witsch 208 S. Br DM 16,80
ISBN 3-462-02504-X
Die Bestsellerautorin des 19. Jahrhunderts, die Starautorin, die zugleich die Mutter des Trivialromans wurde und das Geheimnis ihres literarischen Erfolgs. Die interessant geschriebene Lebensgeschichte einer Autorin, deren Werk von der Literaturkritik abgelehnt wurde.

Souhami, Diana
Gertrude und Alice
Gertrude Stein und Alice B. Toklas. Zwei Leben – eine Biographie 352 S. geb. Knesebeck DM 58,-
ISBN 3-926901-71-3

Tochter des Vulkans.
Autorinnentagung mit Gioconda Belli aus Nicaragua 1992. 164 S. Evangelische Akad. Loccum Pb DM 12,-
ISBN 3-8172-1391-3

Venske, Regula
Die alphabetische Autorin. 1997. 90 S. Droschl, Gb DM 30,-
ISBN 3-85420-450-7

Weiblichkeit und weibliches Schreiben. Poststrukturalismus. Weibliche Ästhetik Kulturelles Selbstverständnis.
1994. X,223 S. Wiss. Buchges. Kt DM 39,80
ISBN 3-534-11989-4

Weiss, Andrea
Paris war eine Frau Die Frauen von der Left Bank 3. Auflage 1997, 240 S. 70 Abb., Br. edition ebersbach DM 49,80
ISBN 3-931782-00-X
Siehe auch unter Kalender.

Wie sie schreiben. Gespräche. Lillian Hellman, Joyce Carol Oates, Mary McCarthy, Dorothy Parker, Marianne Moore, Katherine Anne Porter, Joan Didion, Anne Sexton. 1983. 208 S. tende Br DM 22,-
ISBN 3-88633-095-8

Wortmann-Lacouronne
Germaine de Stael und George Sand.
Eine inhaltliche Untersuchung über den Einfluss ihrer Frauenromane auf zeitgen. deutsche Autorinnen. 1997. 352 S. Röhrig St. Ingbert Br DM 56,-

Dichter

Aus: W. Busch
**Balduin Bälamm Maler
Klecksel, Diogenes**

Deutsche Dichter
Leben und Werk
deutschsprachiger Autoren. 4070 S. 313 Abb. 8
Bde in Kass. DM 148,-

**Dichter beschimpfen
Dichter**
Hrsg. Drews, J. 1994,
208 S., Reclam DM 20,--
ISBN 3-379-01506-7

**Dichter beschimpfen
Dichter II**
Alphabet harter Urteile,
zweite Folge 128 S. Pp.
Haffmans DM 15,--
ISBN 3-251-00171-X
Die kürzeste Beschimpfung: *Balls.* Samuel
Beckett über Marcel
Proust. Die längste: bitte selbst nachlesen!

**Dichter-Häuser in
Thüringen.**
210 Abb. 1996. 348 S.
quartus Gb DM 39,80
ISBN 3-931505-16-2

**Dichter und ihre
Häuser**
Prolog Marguerite Duras
1995. 200 S. zahlr. Abb.
geb. Knesebeck DM 98,-
ISBN 3-926901-81-0

Ein stimmungsvoller
Bildband, der Einblicke
in private Arbeits- und
Lebensräume von großen Schriftstellern, wie
Ernest Hemingway,
Tania Blixen, Hermann
Hesse, Mark Twain,
Knut Hamsun,
Virginia Woolf
vermittelt.

Dichterlesung.
Vom Kampf des Autors
mit dem Publikum. 1988.
120 S. Gessler, Gb DM
15,- ISBN3-922137-50-4

Dichter-Porträts
Bilder und Daten
1992, 399 S. Reclam DM
16,-ISBN 3-15-008835-6
Chronologische Dichterbiographien mit Fotos von 180 deutschsprachigen Autoren
von der Reformation
bis zur Gegenwart.

**Freundschaft der
Dichter**
Künstlerhaus Edenkoben
zum 15. Jubiläumsjahr
200 S., Br., Ammann
Verlag DM 25,--
ISBN 3-250-10388-8

Gernhardt, Robert
**Hier spricht der
Dichter**
120 Bildgedichte
1994, 125 S., rororo Tb
DM 12,90
ISBN 3-499-13557-4
...nicht nur aus dem
Leben des Dichters –
satirische Erfahrungen
in Wort und Bild.

Girarsi, Claudia
**Pegasus auf Berg- und
Talfahrt.**
Dichter und Dichtung

zwischen Rax und Semmering. 1997. 188 S.
Böhlau DM 39,80
ISBN 3-205-98738-1

Herzstiche
**Die Briefe des Cyrano
de Bergerac**
Die fast vergessene
Kunst der großen und
zarten Worte. 1997. 288
S. dtv Kt DM 16,30
ISBN 3-423-20013-8

Hornbogen, Helmut
Tübinger Dichterhäuser. Literaturgeschichten aus Schwaben.
Ein Wegweiser. 170
Abb. 2. Aufl. 1992. 384
S. Schwäbisches Tagblatt Pb DM 32,-
ISBN 3-928011-09-X

Juritz, Hanne F.
**Dichterburg, Dichterkeller, Dichterberg,
Dichterhain.** 1976. 60 S.
Graf. Pawel Pan Presse
Num., sign. Br DM 58,-
ISBN3-921454-06-9

Maiwald, Peter
Wortkino
Notizen zur Poesie
Fischer DM 18,-
ISBN 3-596-22375-X
Der Lyriker Peter
Maiwald erinnert an
die Tugenden des Dichtens: »Das Handwerk
der Verskunst ist derart in Verruf gekommen, dass unter den
jüngeren Dichtern immer weniger zu wissen
scheinen, dass ein Gedicht nicht aus Worten,
sondern aus Versen besteht. Letztere lassen
sich allerdings nicht so
leicht aus dem Ärmel
schütteln wie erstere...«

Schöne Dichter

Sogar Klassiker waren einer vom andern enttäuscht: Johanna Schopenhauer von Christoph Martin Wieland: »Er hat eine französische Physiognomie und kann nie gut ausgesehen haben; jetzt ist er, besonders ohne Brille, ziemlich häßlich.« Schiller von Goethe: »Sein erster Anblick stimmte die hohe Meinung ziemlich tief herunter, die man mir von dieser anziehenden und schönen Figur beigebracht hatte.« Jean Paul von Herder: »Er sieht nicht so edel aus, als ich mir ihn dachte.« Johann Friedrich Reichardt von Jean Paul: »So wenig vorteilhaft auch der erste Eindruck war, den mir sein äußeres Wesen machte -« Die Dame auf dem 100-Mark Schein über Stifter: »Auch Adalbert Stifter stellte sich ein, enttäuschte aber die Verehrer seiner Muse einigermaßen. Seine Persönlichkeit hatten sie sich ganz anders gedacht, er sieht nichts weniger als poetisch aus, und sein Dialekt klingt auch wenig dichterisch.« Goethe wäre von Shakespeare enttäuscht gewesen. Hätte ein technisches Genie namens Louis Jacques Mandé Daguerre bereits ab 1760 Lichtbilder des an Akne leidenden, schwäbelnden Friedrich Schiller herstellen können sowie des blatternnarbigen Goethe, der beim Lachen bezeugtermaßen gelbe, krumme, schlechte Zähne verbarg, später ein Porzellangebiß: jeder Geniekult hätte es schwer gehabt. Im Elysium wird auch nur mit H_2O gekocht und aus Fleisch gebacken.

Schaun also auch Sie getrost so verquollen aus wie Jean Paul. Immerhin mußte Ludwig Tieck nach der Begegnung mit ihm zugeben, Jean Paul sei nur halb so häßlich, als er sich das nach den Aussagen Dritter habe vorstellen müssen. Stehen also auch Sie zu Ihrer irdischen Kruste!

Aus: Werden auch Sie ein Genie! von Ulrich Holbein, Eichborn Verlag

D ie literarische Tätig-
keit Edmund Machs
begann im Jahre
1965 während eines Aufent-
haltes im psychiatrischen
Krankenhaus. Edmund Mach
kam jeden Morgen in mein
Arbeitszimmer. Papier und
Kugelschreiber lagen bereit.
Ich nannte ihm einen Titel,
er begann hierauf sofort zu
schreiben. Er stockte während des Schreibens nur selten, mußte kaum jemals ein-
halten, um nachzudenken. Er
schrieb alles nieder, wie es
ihm einfiel, meist eine Seite
voll. Er las dann den Text
vor.

DER DICHTER

Ist langsam beginnend
schreibend
in seinen Zeilen verharrend
bis Ende kommend
das ist der Dichter

Zu näheren Reimen muß
er sich mühen
um die Romantik zu
berechnen
die nahe ist

Er berührt eindeutig
das Gedicht in Gedichtform
und eigen sind die Reime
die umspielen sein Gedicht

Edmund Mach hatte vorher
nie geschrieben. Die Ge-
nauigkeit.der Aussage, die
Rhythmik des Textes, die
Eigenwilligkeit der Partizi-
pialkonstruktion, die Allite-
rationen in der zweiten Stro-
phe, das sind poetische Qua-
litäten, die sich ganz von
selbst eingestellt hatten...
Aus: Leo Navratil
Schizophrene Dichter
Fischer Taschenbuch

Mason, Eudo C.
Exzentrische Bahnen.
Studien zum Dichter-
bewusstsein der Neu-
zeit. 1963. 341 S. Van-
denhoeck & Ruprecht
Kt DM 42,-
ISBN 3-525-23108-3

Navratil, Leo
Schizophrene Dichter
1994. 357 S. Fischer
Tb DM 19,90
ISBN 3-596-12136-1

Noltenius, Rainer
**Dichterfeiern in
Deutschland.**
Rezeptionsgeschichte
als Sozialgeschichte
am Beispiel der Schil-
ler- und Freiligrath-
Feiern. 1984. 275 S.,
25 Abb. Fink, W. Kt
DM 68,-
ISBN 3-7705-2100-5

**Paris – Stadt der
Dichter**
Fotografien v. G. Fessy
1997. ca 200 S.
durchg. mit farb. u.
s/w-Fotos, geb. Knese-
beck DM 98,-
**Balzac, Baudelaire,
Calvino, Hemingway,
Joyce, Miller, Proust,
Rilke, Zola u. a. Grö-
ßen der Weltliteratur.**

Richter, Toni
Die Gruppe 47
1997. 224 S. 214 Abb.
gebd. Kiepenheuer &
Witsch, DM 98,-, ab
1.4.98 DM 128,-
ISBN 3-462-02630-5

Rilke, R.M.
**Briefe an einen jun-
gen Dichter** 1997. 128
S. Diogenes, DM 5,-
ISBN 3-257-70106-3

Thiele- Dohrmann,
Klaus
**Europäische Kaffee-
hauskultur**
1997, 272 S. 12 Abb.
Artemis Gb DM 46,-
ISBN 3-538-07044-X
**Ein nostalgischer
Blick in legendäre
Kaffeehäuser und auf
ihre Gäste wie Goe-
the, Dickens, Kafka,
Kästner, Stendhal. In
Berlin gab es schon
vor der Hochblüte in
den zwanziger Jahren
das Künstler-Café
Größenwahn am
Kurfürstendamm:**

E s war, als wenn
die Marmorti-
sche mit süßem
Leim bestrichen wä-
ren«, schrieb Edmund
Edel 1913 in einer Ju-
biläumsschrift zum
zwanzigjährigen Be-
stehen. »Das kleine
Café wurde berühmt
nicht nur wegen seiner
guten Wiener Küche,
seines vorzüglich ge-
pflegten Pilsners,
sondern auch wegen
seines Größenwahns.
Nicht des Besitzers,
sondern der Besucher.
Allmählich überzogen
Scharen von Geistes-
helden aller Fakultäten
das Kaffeehaus, saßen
und lagerten an den
Marmortischen am
hellichten Tage und in
tiefdunkler Nacht, und
wenn es hochkam,
hatten sie eine Zeche
von 55 Pfennig ge-
macht. Aber sie saßen
an den Marmortischen
wie an den Wassern
Babylons.

Der weite Weg zum BUCH

Eine Anthologie

Deutsches Jahrbuch für Autoren

Literarische, satirische und humorvolle Storys von Autorinnen und Autoren, die am Wettbewerb 1997 des Deutschen Jahrbuch für Autoren teilgenommen haben.

DM 18,-
Autorenhaus-Verlag Plinke

Ringert, Christel
Von heiligen Dichter-windeln. Und andere Anekdoten aus klassischer Zeit. 1997. 132 S., 87 Abb. Hain Rudst. Ebr DM 19,80
ISBN 3-930215-43-8

Rózewicz, Tadeusz
Vorbereitung einer Dichterlesung und drei aussergewöhnliche szenische Miniaturen.
1993. 60 S., 4 Abb. Katzengraben-Presse Gebl DM 148,-
ISBN 3-910178-08-1

Schmidt-Dengler/ Sonnleitner/Zeyringer
Konflikte - Skandale - Dichterfehden in der österreichischen Literatur.
1995. 291 S. Schmidt, Erich Kt DM 98,-
ISBN 3-503-03730-6

Sprachgesellschaften - Sozietäten - Dichtergruppen.
1978. 256 S. Hauswedell, Br DM 80,-
ISBN 3-7762-0165-7

Wannagat, Detlev
Der Blick des Dichters
Antike Kunst in der Weltliteratur. 1997. 224 S. 26 Abb. Wiss.Buchges.DM 34,-
ISBN 3-534-13180-0

Wohlhaupter, Eugen
Dichterjuristen.
Bd III: Juristen als Künstler. 1957. VII,468 S. Mohr, Ln DM 128,-
ISBN 3-16-627782-X

Schriftsteller

Aus: Tullio Pericoli
Portraits
Diogenes 1992

Die 100 des Jahrhunderts
Schriftsteller
1995 rororo Tb DM 16,90
ISBN 3-499-16455-8
**Je eine Doppelseite für
Leben und Werk von
100 bedeutenden
Schriftstellern des 20.
Jahrhunderts.
Preiswertes Handbuch.**

Amann, Klaus
Zahltag.
Der Anschluss öster-
reichischer Schrift-
steller an das Dritte
Reich. 2. Aufl. 1995.
350 S. Philo DM 58,-
ISBN 3-8257-0024-0

Bahrdt, Carl F.
**Ueber Pressfreiheit
und deren Gränzen.**
Zur Beherzigung für
Regenten, Censoren und
Schriftsteller. Nachdr.
Ausg. 1787. 176 S.
Minerva Ln DM 80,-
ISBN 3-8102-0085-9

Becker, Jurek
**Warnung vor dem
Schriftsteller.** Frank-
furter Vorlesungen.
1990. 100 S. Suhr-
kamp DM 10,-
3-518-11601-0

Berlin - New York.
Schriftsteller in den
30er Jahren, fotogra-
fiert von Lotte Jaco
bi.1982. 98 S., 45 s/w-
Fotos. Cotta DM 25,-
ISBN 3-7681-9971-1

**Die Biermann-
Ausbürgerung und die
Schriftsteller.**
Protokoll der ersten Ta-
gung der Geschichts-
kommission des VS 1992
in Berlin.
1994. 280 S. Wiss. u. Po-
litik Pb DM 16,80
ISBN 3-8046-8815-2

Bircher, Urs
**Vom langsamen Wach-
sen eines Zorns**
Max Frisch 1911-1955
1997. ca 220 S. Limmat
ca DM 34,-
ISBN 3-85791-286-3
**Der erste Teil der auf
drei Bände angelegten
Biographie.**

Brennpunkt Berlin.
Prager Schriftsteller in der
deutschen Metropole.
1995. 361 S., 78 Abb.
Kulturstiftung d. dt.Ver

triebenen Br DM 24,80
ISBN 3-88557-130-7

Cantieni, Benita
**Schweizer Schriftsteller
persönlich.**
Interviews.
1983. 264 S., zahlr. Ill.
Huber Frauenfeld Br DM
33,- ISBN 3-7193-0883-9

Capote, Truman
**»Ich bin schwul. Ich bin
süchtig, Ich bin ein Ge-
nie.«**
1988, 288 S., Br., Dioge-
nes, DM 16.90
ISBN 3-257-21606-8
Die wohl giftigsten
Kommentare eines
Schriftstellers über seine
Kollegen...

Chandler, Raymond
**Die simple Kunst des
Mordes**
Briefe, Essays, Notizen,
eine Geschichte und ein
Romanfragment
1975, 368 S., Br., Dioge-
nes, DM 16.80
ISBN 3-257-20209-1
**Chandlers Betrachtun-
gen über das Schreiben,
nicht nur von Kriminal-
romanen, über Schrift-
steller, das Verlagswe-
sen und natürlich über –
Philip Marlowe. Erfri-
schend, teils polemisch,
dabei bedauern die Her-
ausgeber, dass die ver-
leumderischen Stellen
redigiert werden muss-
ten... Auch in den Brie-
fen: Chandler pur.**

Chapsal, Madeleine
**Französische Schrift-
steller intim.**
1989. 320 S., Abb. Matt-
hes & Seitz Kt DM 39,80
ISBN 3-88221-758-8

Craig, Gordon A.
**Die Politik der
Unpolitischen.**
Deutsche Schriftsteller
und die Macht 1770-1871.
1993. 247 S., 10 Abb.
Beck, Ln DM 44,-
ISBN 3-406-37327-5

Dähnhardt W/Nielsen B.
Exil in Dänemark.
Deutschsprachige Wis-
senschaftler, Künstler und
Schriftsteller im däni-
schen Exil nach 1933. 780
S., zahlr. Fotos West-
holst.VA. Br DM 78,-
ISBN 3-8042-0569-0

Deutsche Schriftsteller.
Was wollen, können, sol-
len sie? 1996. 143 S.
Bouvier Kt DM 28,-
ISBN 3-416-02616-0

Deutschsprachige Exilli-
teratur seit 1933. Bd 4:
Bibliographien.
Schriftsteller, Publizisten
und Literaturwissen-
schaftler in den USA.
3 Tlbde. 1994. Zus.
LIX,2110 S. Saur Bern
Ln zus DM 620,-
ISBN 3-907820-47-9

**Dichter oder
Schriftsteller?**
Der Briefwechsel zwi-
schen Thomas Mann und
Josef Ponten 1919-1930.
1988. Klostermann, Ln
DM 58,-
ISBN 3-465-02282-3

Bestandsverzeichnis des
Cotta-Archivs. Stiftung
der Stuttgarter Zeitung.
Teil 1: **Dichter und
Schriftsteller.** 1963. 441
S., 5 Taf. Klett-Cotta Ln
DM 60,-
ISBN 3-12-901750-X

Engelmann, Reiner
**Früher war auch mal
heute.**
Schriftsteller erzählen aus
ihrer Kindheit. 1995. 144
S. Arena Pp DM 24,80
ISBN 3-401-04483-4

**Erster Deutscher
Schriftstellerkongreß
4.-8. Oktober 1947**
Protokoll und Dokumente
1997, ca 640 S. Abb., geb.
Aufbau DM 128,-,
ab 1.4.98 DM 158,-
ISBN 3-351-01883-5

Fertig, Ludwig
Abends auf dem Helikon
Dichter und ihre Berufe
von Lessing bis Kafka
1996 359 S. ill. Wiss.
Buchges. Geb DM 78,--
ISBN 3-534-12692-0
**Faszinierende Einblicke
in Schriftstellerexisten-
zen: Während früher
der durch Mäzenaten-
tum geförderte Dichter
ein Amt bekleidete und
so »bey ansehnlichem
Einkommen Muße für
seine litterarischen Be-
schäftigungen hatte«,
wurde für Franz Kafka
Beruf und Berufung zur
Qual: »ein schreckliches
Doppelleben, aus dem es
wahrscheinlich nur den
Irrsinn als Ausweg
gibt.«**

Focke, Wenda
**Mut - Schreiben heisst
Leben.**
Über das Alterswerk
deutschsprachiger Schrift-
steller. 1997. ca. 180 S.
Parerga Br DM 29,80
ISBN 3-930450-09-7

**Forum der Schriftstelle-
rinnen und Schriftsteller**
Jahrbuch des SSV. Jahr-

gang 9, 1996. Hrsg.:
Schweizerischer Schrift
stellerinnen- u. Schrift-
steller-Verband. 1996. ca
140 S., zahlr. Abb. Sau-
erländer Br DM 20,70
ISBN3-7941-4172-5

Gernhardt, Robert
Wege zum Ruhm
13 Hilfestellungen für
junge Künstler und 1
Warnung
1995. 192 S. Ln. Haff-
mans   DM 36,--
ISBN 3-251-00301-1
**Robert Gernhardt plau-
dert aus dem Tusche-
kästchen: Trost für ab-
gelehnte Autorinnen
und Autoren findet sich
reichlich, beispielsweise
in der Manuskripttour
durch die Verlage, bei
der unter anderem der
Diogenes-Cheflektor
sein Werk, das später
bei 2001 rund 85 000
mal verkauft wurde, zu-
rückgesandt hat. Der
Name des Cheflektors?
Gerd Haffmanns, heute
Gernhardts Verleger...
In Momenten der An-
fechtung empfiehlt Ro-
bert Gernhardt Georg
Christoph Lichtenberg:
»Die Natur hat nur eine
Regel für die Schrift-
steller, und die läßt sich
in zwei Worte fassen:
Laßt's laufen.«**

Glosíková, Viera
**Handbuch der deutsch-
sprachigen Schriftsteller
aus dem Gebiet der Slo-
wakei 17.-20. Jahrhun-
dert.**
1995. 174 S. Verlag d.
Österr. Akad. d. Wissen-
schaften Br DM 98,-
ISBN 3-7001-2202-0

Graf, Sabine
Als Schriftsteller leben.
Das publizistische Werk
Otto Flakes der Jahre
1900-1933 zwischen
Selbstverständigung und
Selbstinszenierung. 1992.
482 S. Röhrig Br DM 48,-
ISBN 3-86110-002-9

Grass, Günter
**Der Schriftsteller als
Zeitgenosse.**
1996. 336 S. dtv
Kt DM 26,90
ISBN 3-423-12296-X

Greve/Pehle/Westhoff
Hätte ich das Kino!
Die Schriftsteller und der
Stummfilm. 1976. 444 S.,
16 S., 85 Abb. Marbacher
Kat. 27 Deutsche Schil-
lerges. Kt DM 25,-
ISBN 3-928882-80-5

Härtling, Peter
Zueignung.
Über Schriftsteller. Erin-
nerungen an Dichter und
Bücher. 1985. 100 S. Ra-
dius Ln DM 18,-
ISBN 3-87173-708-9

Haslinger, Josef
**Hausdurchsuchung im
Elfenbeinturm**
Essay
1996 Fischer Tb DM 18,-
ISBN 3-596-22388-1
**Sind Schriftsteller Aus-
erwählte? Oder »werden
nur noch diejenigen
Schriftsteller, die nicht
kreativ genug sind für
die Werbeindustrie«?**

Hein, Christoph M.
**Der "Bund proletarisch-
revolutionärer Schrift-
steller Deutschlands".**
2. Aufl. 1995. 348 S. Lit
Münster Gb DM 68,80
ISBN 3-89473-060-9

Hillienhof, Horst
**Zum Thema: Schrift-
steller und Gesellschaft
in der deutschen Litera-
tur nach 1945.** 1975. 64
S. Lurz, M Kt DM 5,80
ISBN 3-87501-049-3

Hochhuth, Rolf
Täter und Denker
Profile aus der Literatur
1987. 368 S. Gb DVA
DM 34,--
ISBN 3-421-06346-X

Irving, John
Die imaginäre Freundin
Vom Ringen und Schrei-
ben 1996. 192 S. Dioge-
nes Ln DM 32,-
ISBN 3-257-06121-8
**Das Ringen ist wörtlich
gemeint: Mit 14 Jahren
begann der grosse Er-
zähler nicht nur eine
Karriere als Ringer,
sondern auch zu schrei-
ben. Eine interessante
Wechselwirkung – Au-
toren auf der Suche
nach Romanstoff zur
Nachahmung empfoh-
len. Sein Rat zur Tech-
nik: »Schreiben ist wie
Ringen. Man braucht
Disziplin und Technik.
Man muß auf eine Ge-
schichte zugehen wie auf
einen Gegner.« Eine un-
gewöhnliche, illustrierte
Schriftstellerbiographie.**

Jäger, Andrea
**Schriftsteller aus der
DDR.** Studie.
Ausbürgerungen und
Übersiedlungen von 1961
bis 1989. 2.Aufl. VIII,202
S. Lang, Br DM 65,-
ISBN 3-631-30805-1

Kein schöner Land...
Die Schriftsteller und das
Volk in Deutschland.
1991. 236 S. Ev. Akad.
Loccum Pb DM 12,-
ISBN 3-8172-5890-9

Köhler-Hausmann, R.
**Literaturbetrieb
in der DDR.**
Schriftsteller und
Literaturinstanzen. 1984.
VIII,204 S. Metzler, Kt
DM 36,-
ISBN 3-476-00554-2

Koller-Fanconi, M.
**Leitfaden für angehende
Schriftstellerinnen und
Schriftsteller.**
Über 365 praktische Hin-
weise und ein paar Bos-
heiten... 2. Aufl. 1995.
148 S. KoFa Ringb DM
37,- ISBN 3-9520205-8-3

Kos, W./Krasny, E.
**Schreibtisch mit Aus-
sicht. Österreichische
Schriftsteller auf Som-
merfrische.**
1995. 264 S., s/w-Abb.
Ueberreuter, Ln DM 48,-
ISBN 3-8000-3545-6

Lange-Eichbaum/Kurth
**Die Dichter und
Schriftsteller 1.**
7. Aufl. 1987. 239 S
Reinhardt, Ernst DM 44,-
ISBN 3-497-01117-7

**Die Dichter und
Schriftsteller 2.**
7. Aufl. 1987. 236 S DM
44,- ISBN 3-497-01118-5

**Literaten in der Provinz
- Provinzielle Literatur?**
Schriftsteller einer nord-
deutschen Region. 1991.
212 S., 71 Abb. West-
holst. VA. Kt DM 24,-
ISBN 3-8042-0548-8

Lodge, David
Literatenspiele.
oder Das kreative Wochenendseminar für kommende Schriftsteller. Eine Komödie. 1997. Heyne, Pb DM 12,90
ISBN 3-453-12494-4

Mayer, Hans
Die umerzogene Literatur /Die unerwünschte Literatur.
Deutsche Schriftsteller und Bücher 1945-1967 /Deutsche Schriftsteller und Bücher 1968-1985. 2 Bde.1988 /1989. Zus. 512 S. Siedler, Ln DM 39,80
ISBN 3-88680-414-3

Melcher, Andrea
Vom Schriftsteller zum "Sprachsteller"? Alfred Döblins Auseinandersetzungen mit Film und Rundfunk 1909-1932. 1996. 242 S. Lang, DM 69,- ISBN 3-631-49153-0

Murti, Kamakshi P.
Die Reinkarnation des Lesers als Autor.
Ein rezeptionsgeschichtlicher Versuch über den Einfluss der altindischen Literatur auf deutsche Schriftsteller um 1900. 1990. VI,156 S. de Gruyter Ln DM 83,-
ISBN 3-11-012371-1

Niederer, Ulrich
Geschichte des Schweizerischen Schriftsteller-Verbandes.
Kulturpolitik und individuelle Förderung: Jakob Bührer als Beispiel. 1994. 335 S. Francke, A Br DM 76,-ISBN 3-7720-1979-X

Pike, David
Deutsche Schriftsteller im sowjetischen Exil 1933-1945. 1981. 500 S., Suhrkamp Kt DM 36,-
ISBN 3-518-03856-7

Politycki, Alfred
Deutschsprachige Schriftsteller von 1200 bis zur Gegenwart in Schautafeln und Kurzkommentaren.
1996. 134 S., 23 Abb., 1 Übersichtsgraf. Knecht, Petra Br DM 27,-
ISBN 3-930927-20-9

Politycki, Alfred
Deutschsprachige Schriftsteller von 1200 bis zur Gegenwart.
1996. 1 Kte. Knecht, P. DM 9,80
ISBN 3-930927-15-2

Reich-Ranicki, Marcel
Literatur der kleinen Schritte.
Deutsche Schriftsteller in den sechziger Jahren. 1991. 336 S. dtv Kt DM 16,80
ISBN 3-423-11464-9

Scheideler, Britta
Zwischen Beruf und Berufung.
Zur Sozialgeschichte der deutschen Schriftsteller von 1880 bis 1933. 337 S., Abb., Buchhändler-Vereinigung Geb. DM 190,-ISBN 3-7657-2007-0

Schriftsteller über Schriftsteller.
Literaturgeschichte. 1996. 100 S. cm. Danowski Br SFr 99,-
ISBN 3-906716-04-X

Die Schriftsteller und die Weimarer Republik.
Ein Lesebuch. Neuausg. 1992. Wagenbach, Kt DM 19,80
ISBN 3-8031-2208-2

Schriftsteller und ihre Interpreten.
Texte österreichischer AutorInnen über d Literaturwissenschaft. 1993. 112 S. Studien Vlg Kt DM 36,80
ISBN 3-901160-33-7

Schriftsteller und Rundfunk.
1997 ca. 260 S. Westdeutscher Vlg Kt ca DM 46,-
ISBN 3-531-12677-6

Schriftstellerinnen und Schriftsteller der Gegenwart /Ecrivaines et écrivain d'aujourdhui.
1988. 296 S. Sauerländer Gb DM 52,-
ISBN 3-7941-2933-4

Ulsamer, Lothar
Zersetzen, zersetzen, zersetzen.
Zeitgenössische deutsche Schriftsteller als Wegbereiter für Anarchismus und Gewalt. 268 S. Deugro Pb DM 24,-
ISBN 3-924396-05-1

Unterbrochene Schulstunde. Schriftsteller und Schule. 1975. 256 S. Suhrkamp Kt DM14,80
ISBN3-518-36548-7

Vaterland, Muttersprache.
Deutsche Schriftsteller und ihr Staat seit 1945.1994. 476 S. Quartbuch Wagenbach, DM 36,- ISBN 3-8031-3110-3

Verfeindete Einzelgänger. Schriftsteller streiten über Politik und Moral. Dokument und Essay. 1996. ca. 296 S. AtV Br DM 24,90 ISBN 3-7466-8023-9

Wahrheit in Übertreibungen. Schriftsteller über die moderne Welt. 1989. 328 S. Aisthesis Br DM 68,- ISBN 3-925670-21-1

Walther, Joachim **Sicherungsbereich Literatur.** Schriftsteller und Staatssicherheit in der Deutschen Demokratischen Republik. 1996. 888 S. Links, Ch Gb DM 68,- ISBN 3-86153-121-6

Wehdeking, Volker **Die deutsche Einheit und die Schriftsteller.** Literarische Verarbeitung der Wende seit 1989. 1995. 192 S. Kohlhammer Stgt Kt DM 39,80 ISBN 3-17-012723-3

Wiepersdorf. Haus der Schriftsteller und Künstler in der Mark Brandenburg. ca. 240 S., 70 Abb. Wallstein Br DM 26,- ISBN 3-89244-251-7

Widmer, Urs **Die sechste Puppe im Bauch der fünften Puppe im Bauch der vierten** und andere Überlegungen zur Literatur 1995, 176 S., Br., Diogenes, DM 16.80 ISBN 3-257-22776-0 **Urs Widmers Grazer Vorlesungen zur Poetik, zur Sprache, zum Schreiben, zur Liebe und zum Leben wärmen das Herz eines jeden Literaten.**

19

Chandler über Schriftsteller

Was Du über Deine Paris-Reise schreibst, klingt nach der typischen Lustreise des Verlegers – jede Mahlzeit ein Interview, und vom Morgen bis zum Abend Autoren, die ihm zu den Taschen herein- und herauskrabbeln. Ich weiß nicht, wie Verleger diese Touren aushalten. Ein einziger Schriftsteller schon würde erreichen, daß ich eine ganze Woche total erledigt wäre. Und Du hast zu jeder Mahlzeit einen. Es gibt in der Verlagsarbeit so manches, was mir durchaus gefallen könnte, aber der Umgang mit Schriftstellern gehört nicht dazu. Ihre Egos verlangen zuviel Streicheleinheiten. Sie führen ein überspanntes Leben, in dem viel zu viel Menschlichkeit für viel zu wenig Kunst geopfert wird. Ich glaube, das ist auch der Grund, weshalb ich schon vor Jahren beschlossen habe, nie etwas anderes zu sein als ein Amateur. Wenn ich das Talent hätte, zur ersten Garnitur zu gehören, würde mir doch immer der harte Kern der Selbstsucht fehlen, der notwendig ist, wenn man so ein Talent voll ausbeuten will. Der schöpferische Künstler scheint fast die einzige Art Mensch zu sein, dem man nie auf neutralem Boden begegnen kann. Man kann ihm nur als Künstler begegnen. Er sieht nichts objektiv, weil sein eigenes Ego bei jedem Bild dauernd im Vordergrund steht. Selbst wenn er einmal nicht von seiner Kunst redet, was selten genug vorkommt, denkt er aber doch daran. Wenn er Schriftsteller ist, neigt er dazu, nur mit anderen Schriftstellern zu verkehren und mit den diversen Schmarotzern, die sich von der Schriftstellerei mästen. Für all diese Leute ist die Literatur mehr oder weniger die zentrale Tatsache des Daseins. Während sie für eine Unzahl durchaus intelligenter Menschen eine unwichtige Nebensache ist, ein Mittel zur Entspannung, zur Flucht, eine Informationsquelle, und manchmal eine Inspiration. Aber sie könnten weit leichter ohne sie auskommen als ohne Kaffee oder Whisky.

Aus: Raymond Chandler *Die simple Kunst des Mordes*, Brief an seinen Verleger Hamish Hamilton, Diogenes

Kreatives Schreiben

**Aus: vom Scheidt
Kratives Schreiben
Fischer Tb**

Brenner, Gerd
Kreatives Schreiben.
Ein Leitfaden für die
Praxis. 1994. 192 S.
Scriptor Pb DM 34,-
ISBN 3-589-20998-4

Gesing, Fritz
Kreativ schreiben.
Handwerk und Techni-
ken des Erzählens.
1994. ca. 250 S., Du-
Mont Kt DM 19,80
ISBN 3-7701-3375-7

Grohs, Karlheinz
**Ein Wort nach dem
anderen.**
Profi-Tips für Hobby-
Autoren. 1996. 143 S.
Irmbook DM 22,50
ISBN3-9803143-5-9

**Kreatives Schreiben an
Hochschulen.**
Berichte, Funktionen,
Perspektiven.
1988. VIII,131 S. Nie-
meyer, Kt DM 42,-
ISBN 3-484-22042-2

Kruse, Otto
**Keine Angst vor dem
leeren Blatt.**
Ohne Schreibblockaden
durchs Studium.
5. Aufl. 1997. 266 S.
Campus Kt DM 24,80
ISBN 3-593-35693-7
**Eine Einladung zum
Schreiben, systematisch
und kompetent, nicht
nur für Studierende
und Wissenschaftler.**

Lane, Barry
**Schreiben heisst sich
selbst entdecken.**
Kreatives Schreiben au-
tobiographischer Texte.
1995. Augustus Pp DM
24,80
ISBN 3-8043-3011-8

Leutner-Ramme, Sibylla
Kreatives Schreiben.
1994. 1 Videocass.
Waxmann DM 59,-
ISBN 3-89325-803-5

Liebnau, Ulrich
EigenSinn.
Kreatives Schreiben -
Anregungen und Metho-
den
1995. 139 S., ill. Die-
sterweg, Br DM 29,80
ISBN 3-425-01650-4

Mehler, Horst A
**Wie schreibe ich einen
Bestseller.**
Geheimnisse, Techniken
und Erfolgsformeln
2. Aufl.1996. 210 S.
Möwe Gb DM 48,-
ISBN 3-925127-04-6

Pommerin, Gabriele u.a
Kreatives Schreiben.
Handbuch für den deutschen und interkulturellen Sprachunterricht in den Klassen 1-10. 1996.
184 S., zahlr. Abb. Beltz
Br DM 39,80
ISBN 3-407-62323-2

Rehork, Thomas
Kreatives Schreiben.
Hilfen zum Schreibanfang für Studenten. 1993.
32 S. Schibri-Vlg DM 5,-
ISBN 3-928878-10-7

Schöpfel, Joachim
Kreatives Schreiben.
Identifikation und Förderung sprachlich-kreativ begabter Jugendlicher.
1992. 298 S. Lang, Br
DM 89,-
ISBN 3-631-45433-3

... sich in die Worte zu verwandeln...
Therapeutische und pädagogische Aspekte des kreativen Schreibens.
1991. 235 S. Schelzky &
Jeep Br DM 24,80
ISBN 3-923024-34-7

Söllinger, Peter
Texte schreiben.
Methodische Anregungen. 5. Aufl. 1996. 334
S., zahlr. Abb. Literas-Univlg Br DM 41,-
ISBN 3-85429-137-X

Syme, Christine
Kreativer Schreiben.
50 Initialzündungen.
1990. 52 S., zahlr. Abb.,
Verlag an d. Ruhr iSch
DM 28.-
ISBN 3 927279-42-0

vom Scheidt, Jürgen
Kreatives Schreiben.
Wege zu sich selbst und zu anderen.
1993. 256 S. Fischer Tb
Kt DM 16,90
ISBN 3-596-11950-2
Der Autor zeigt in diesem Band den psychologischen Ansatz des kreativen Schreibens auf: Schreiben als Selbstfindung. Mit vielen praktischen Hinweisen.

Vopel, Klaus W.
Schreibwerkstatt.
Eine Anleitung zum kreativen Schreiben für Lehrer, Schüler und Autoren. 2 Bde. iskopress zus DM 64,-
ISBN 3-89403-240-5

Wege des Staunens.
Übungen für die rechte Hemisphäre. Bd 1:
Vopel, KW./Ehrlich, M.
Kreatives Schreiben.
4. Aufl. 1996. 140 S.. iskopress Br DM 36,-
ISBN 3-89403-251-0

Was bewegt die Schreib-bewegung?
Kreatives Schreiben -
Selbstversuche mit Literatur. 1990. 248 S.
Evangelische Akad.
Loccum Pb DM 5,-
ISBN 3-8172-6389-9

von Werder, Lutz
Einführung in das kreative Schreiben.
1996. 144 S. Schibri-Vlg Br DM 14,80
ISBN 3-928878-44-1

von Werder, Lutz
Erfolg im Beruf durch kreatives Schreiben.
1995. 368 S., 15 Abb.
Schibri-Vlg Br DM 45,-
ISBN 3-928878-24-7

von Werder, Lutz
Der integrative Ansatz im kreativen Schreiben.
1993. 48 S. Schibri-Vlg
Gh DM 5,-
ISBN 3-928878-11-5

von Werder, Lutz
Kreatives Schreiben in den Wissenschaften.
Für Schule, Hochschule und Erwachsenenbildung
2. Aufl. 1995. 192 S.
Schibri-Vlg DM 24,80
ISBN 3-928878-00-X

von Werder, Lutz
Kreatives Schreiben von Diplom- und Doktorarbeiten.
1992. 64 S. Schibri Br
DM 12,-
ISBN 3-928878-02-6

von Werder, Lutz
Lehrbuch des kreativen Schreibens.
1990. 502 S. Institut f.
Interdisziplinäre Forsch.
u. Kommunik. DM 36,-
ISBN 3-926752-25-4

von Werder, Lutz
Lehrbuch des kreativen Schreibens.
22 Abb. 1993. 520 S.
Schibri-Vlg Gb DM
39,80
ISBN 3-928878-05-0

Zopfi, C. /Zopfi, E.
Wörter mit Flügeln.
Kreatives Schreiben.
1995. 128 S. Zytglogge
Br DM 39,-
ISBN 3-7296-0505-4

Schreiben

Titelillustration:
Wolf Schneider *Wörter*
***machen Leute*, Piper**

Becker, Howard S.
Die Kunst des profes-
sionellen Schreibens.
Ein Leitfaden für die So-
zial- und Geisteswissen-
schaften 1994, 223 S. kt.
Campus DM 26,-
ISBN 3-593-35141-2

Berger, Norbert
Schreiben nach literari-
schen Vorlagen.
Buchprojekte mit Schü-
lern. 1994. 160 S. Auer
Donauwörth DM 36,-
ISBN 3-403-02459-8

Bräuer, Gerd
Warum Schreiben?
Schreiben in den USA:
Aspekte, Verbindungen,
Tendenzen. 1996. 344 S.
Lang, Br DM 89,-
ISBN 3-631-49884-5

Bücher, nur Bücher!
Texte vom Lesen und
Schreiben. 1991. 216 S.
Zürcher Buchh. u. Ver-
leger Pp DM 34,-
ISBN 3-9520118-0-0
de Bruyn, Günter

Was ich noch schreiben
will. 1995. 107 S., 16
Abb. Lamuv Kt DM 18,-
ISBN3-88977-422-9

de Bruyn, Günter
Das erzählte Ich
Über Wahrheit und
Dichtung in der
Autobiographie
1995. 78 S. geb.
Fischer ISBN
3-10-009624
Günter de Bruyn
diskutiert Proble-
me autobiogra-
phischen Schreibens
anhand interessanter
Lebenserinnerungen.
Ein hübscher Band aus
der Fischer-Bibliothek.

Delius, F. C.
Die Verlockungen der
Wörter oder warum ich
immer noch kein Zyni-
ker bin
1997, 116 S., geb., Tran-
sit DM 24,--
ISBN 3-88747-107-5
Erfahrungen beim
Schreiben und mit dem
Literaturbetrieb

Dorner, Rolf
Lust und Frust beim
Schreiben..
68 S. LEU Ebr DM 17,-
ISBN 3-85667-049-1

Ebel, H.F. /Bliefert, C.
Schreiben und Publi-
zieren in den Naturwis-
senschaften. 3. bearb.
Aufl. 1993. XIV,564 S.,
64 Abb., 6 Tab. Wiley-
VCH Br DM 63,-
ISBN 3-527-30011-2

Fleischanderl, Karin
Des Kaisers neue
Kleider.
Schreiben in Zeiten der
Postmoderne.

1994. ca. 120 S.
Wespennest Ebr DM 30,-
ISBN 3-85458-507-1

Flusser, Vilém
Die Schrift.
Hat Schreiben Zukunft?
4. Aufl. 1992. 160 S. Eu-
ropean Photography Br
DM 34,-
ISBN 3-923283-25-3

Focke, Wenda
Mut - Schreiben heisst
Leben.
Über das Alterswerk
deutschsprachiger
Schriftsteller. 1997. 180
S. Parerga Br DM 29,80
ISBN 3-930450-09-7

Franck, Norbert
Schreiben wie ein Profi.
Artikel, Berichte, Briefe,
Pressemeldungen, Proto-
kolle, Referate und ande-
re Texte. 2. überarb. u.
erg. Aufl. 1995. 200 S.
Bund-Vlg Br DM 19,90
ISBN 3-7663-2635-X

Frandsen, Enno
Das ist mein Leben.
So schreiben Sie Ihre ei-
gene Biographie
1991. 160 S. Latka Gb
DM 29,80
ISBN 3-925068-17-1

Freies Schreiben –
eigene Wege
300 S., Kt.
Libelle Verlag DM 39,-
ISBN 3-909081-80-0

Fuhrmann, /Knipprath
Schreiben.
Ein Lehrbuch der Schrift.
1991. 128 S., 120 farb.
Abb. Ravensburger Pp
DM 38,-
ISBN 3-473-48360-5

Gallinge, Edeltraut
Über das Schreiben.
1993. 8 S. Gallinge, E
Lim., num., sign. Hand-
geschrieben auf handge-
schöpftem Papier
Handgb DM 20,-
ISBN 3-930684-05-5

Gassdorf, Dagmar
**Das Zeug zum Schrei-
ben - Eine Sprach-
schule für Praktiker.**
Mit Stilblüten zum
Schmunzeln und Übun-
gen zum Bessermachen.
1996. 208 S. Zeitungs-
Vlg Pb DM 49,80
ISBN 3-929122-28-6

Gauger, Hans-Martin
Über Sprache und Stil
1995 275 S. Beck DM
24,- ISBN3-406-39207-5
**Sprachkritik und Sti-
lerklärung, übrigens
mit Nietzsches kleiner
Stillehre: »Das Erste,
was noth thut, ist Le-
ben: der Stil soll *leben*.«
(siehe Seite 20)**

Gehre, Ulrich
**Schreiberlinge und
Poeten - vorgestellt von
Wilhelm Busch.**
96 S., zahlr. schw.-w.
Skizzen, Schnell Buch &
Druck Gb DM 16,80
ISBN 3-87716-871-X

Gerhardt, Rudolf
**Lesebuch für
Schreiber.**
4. Aufl. 1996. 364 S. In-
stitut f. Medienentw. u.
Kommunik. DM 39,90
ISBN 3-927282-19-7

**Geschehenes erzählen –
Geschichte schreiben.**
Literatur und Historio-
graphie in Vergangenheit
und Gegenwart. 1994.

Bayerischer Schulbuch-
Vlg Kt DM 20,80
ISBN 3-7627-8359-4

Gracq, Julien
Lesend schreiben..
1997. 250 S.Droschl, M
Br DM 44,-
ISBN 3-85420-448-5

Grass, Günter
**Schreiben nach Au-
schwitz.** Frankfurter
Poetik-Vorlesung. 1990.
43 S. dtv Br DM 6,80
ISBN 3-423-61925-2

Grieb, Wolfgang
**Schreibtips für Diplo-
manden und Dokto-
randen in Ingenieur- u.
Naturwissenschaften.**
3. Aufl. 1995. 252 S.
VDE Kt DM 29,80
ISBN 3-8007-2105-8

Harrison, P./Harrison, S.
**Irre Seiten, Packender
Schreiben.**
1991. 47 S. Verlag an d.
Ruhr DM 26,- ISBN 3-
927279-92-7 / 99-4

Havelock, Eric A.
**Als die Muse schreiben
lernte.**
1992. 208 S. Hain Bo-
denheim Gb DM 44,-
ISBN 3-445-08558-7

Heise, Hans J.
**Schreiben ist Reisen
ohne Gepäck.**
1994. 304 S., zahlr. Fo-
tos. Neuer Malik Vlg Gb
DM 39,80 ISBN 3-
89029-083-3

Heitmann, Annegret
Selbst Schreiben.
1994. 444 S. Lang, Br
DM 108,-
ISBN 3-631-46909-8

Hesper, Stefan
Schreiben ohne Text
Die prozessuale Ästhetik
v. G. Deleuze u. F.
Guattari 1994. 211 S.
Kart. Westdeutscher Vlg
ISBN 3-531-12534-6

Highsmith, Patricia
Suspense
oder Wie man einen
Thriller schreibt
1990 144 S. Diogenes Br
DM 14,80
ISBN 3-257-21924-5
**Patricia Highsmith
lässt uns einen Blick
auf ihren Schreibtisch
werfen: Kein Ratgeber,
wie man den erfolgrei-
chen Kriminalroman
schreibt, aber viele
handfeste Tips. Die
Meisterin des Thrillers
schreibt auch über ihre
Mißerfolge. Die span-
nendste Lektüre für
angehende Krimiauto-
ren.**

**Ich schreibe, also bin
ich** Werner Ross zum 85.
Geburtstag. 212 S. Kt.
Bouvier DM 29,80
ISBN 3-416-02683-7

**Ich bin, also schreibe
ich?** Zum Selbstver-
ständnis von Schreiben-
den im Jahr 1994.
1993. 124 S..
ed. sisyphos Br DM 20,-
ISBN 3-928637-07-X

Jechle, Thomas
**Kommunikatives
Schreiben.** Prozess und
Entwicklung aus der
Sicht kognitiver Schreib-
forschung.
Narr, Gb DM 84,-
ISBN 3-8233-4256-8

Jung, Irene
Schreiben und Selbstreflexion.
Eine literaturpsychologische Untersuchung
1989. 205 S. Westdeutscher Vlg Kt DM 36,-
ISBN 3-531-12063-8

Keaney, Brian
Jungs schreiben keine Liebesgeschichten.
1995. 160 S. Anrich Pp
DM 22,80
ISBN 3-89106-229-X

Kinderliteratur schreiben heute? Wurzeln - Werte - Wandlungen.
1995. 47 S. Deutsch-Polnisches Literaturbüro Oderregion Gh DM 12,-
ISBN 3-931235-00-9

Köpf, Peter
Schreiben nach jeder Richtung.
Goebbels Propagandisten in der westdeutschen Nachkriegspresse. 1995. 324 S. Links, Ch Gb DM 34,- ISBN3-86153-094-5

Kröncke/Kerschbaum
Wissenschaftler müssen schreiben.
Ein Traktat, nicht nur für Zahnmediziner, warum, was und wie sie schreiben sollten. 15 Abb. v. Gritzner, G. 1990. 140 S. Hanser, Kt DM 32,-
ISBN 3-446-16057-4

Kulturjahrbuch. 4:
Über das Schreiben.
1985. 164 S. BUGRIM
Pb ISBN 3-900351-53-8

Kunert, Günter
Warum schreiben?
Notizen zur Literatur.
1976. 304 S. Lit. als

Kunst. Hanser, DM 34,-
ISBN 3-446-12280-X

von LaRoche, Sophie
Mein Schreibetisch.
An Herrn G. R. P. in D.
2 Bde. Nachdr. d.
Ausg.1799. 1996. Zus.
854 S. Wald, P Kt zus
DM 220,-
ISBN 3-932065-60-3

Lenz, Hermann
Leben und Schreiben
Frankfurter Poetik Vorlesungen 1986 Suhrkamp
Kt DM 12,-
ISBN 3-518-11425-5

Literarisches Schreiben aus regionaler Erfahrung.
Westfalen – Rheinland - Oberschlesien und darüber hinaus. 1996. 492 S. Schöningh Kt DM 48,-
ISBN3-506-73410-5

Literarisches Verstehen - Literarisches Schreiben. Positionen und Modelle zur Literaturdidaktik. 1996. 216 S. Schneider Hohengehr DM29,80
ISBN 3-87116-492-5

Literaturmagazin 19.
Warum sie schreiben wie sie schreiben.
1987. 192 S. Rowohlt
Vlg Kt DM 15,-
ISBN 3-498-03844-3

Lodge, David
Die Kunst des Erzählens
292 S. Haffmanns Ln
DM 38,-
ISBN 3-251-00237-6

Marschik, Matthias
Poesietherapie.
Therapie durch Schrei-

ben? 1993. 416 S. Turia
& Kant Br DM 49,-
ISBN 3-85132-048-4

Nach zwanzig Seiten waren alle Helden tot.
Erste Schreibversuche deutscher Schriftsteller.
1995. Hrsg. Karl Corino, Elisabeth Albertsen 384 S. Econ DM 16,80
ISBN 3-547-71904-6
Die grossen Namen der deutschen Literatur sandten dem Herausgebern ihre ersten Schreibversuche, illustriert mit Briefen, Zeichnungen und Fotos aus jungen Jahren. Günter Grass freimütiges und selbstironisches Bekenntnis verlieh dem Buch den Titel:
Gleich zu Beginn der Niederschrift unterlief mir ein folgenschwerer Fehler. Nicht das geduldige Beharrungsvermögen... bestimmte mein Schreibtempo, vielmehr waren es ritterlicher Totschlag, Femegerichte... Blut floß im Übermaß. Mit anderen Worten: Nach zwanzig Seiten Sütterlin-Prosa im Kontobuch meiner Mutter waren alle Helden tot, war die Geschichte aus...

Nadolny, Sten
Das Erzählen und die guten Absichten
Serie Piper, DM 16,90
ISBN 3-492-21319-7

Nizon, Paul
Am Schreiben gehen.
1985. 200 S. Suhrkamp
Kt DM 10,-
ISBN 3-518-11328-3

Neu

Spiele mit der Maus

Und er ging hin und kaufte sich den neuesten Apple, mit riesigem Speicher, der für eine Bibliothek von Babel (Borges, warum Borges?) ausgereicht hätte. Ein wirklich nettes Gespräch mit seiner Mutter genügte, um sich den passenden Scanner auch leisten zu können. Niemals hatte Falk Reinhold in seinem Leben die widerwärtige Kunst trainiert, eine Schreibmaschine zu bedienen. Allein die Vorstellung, seine Finger stundenlang zu verkrallen, ließ ihn schaudern. Immer schrieb er per Hand, damit sich sein eigener herrlicher Charakter in den Buchstaben spiegelte. Den monotonen Einschlag der Buchstaben nahm er wahr als Abgesang auf den Untergang der Charaktere. (Spengler. Richtig.) Übersprungen. Er hatte einfach ein Medium übersprungen, als er jetzt vor dem schwarzen Spiegel (Arno S.) der Maschine saß. Widersprach das aber nicht seinem vorgeblichen Haß auf alles Maschinelle? Durchaus nicht. Durchaus nicht. Weil er nicht mehr ganz Reinhold war, mußte er auch nicht fürchten, seinen eigenen Charakter zu verlieren. Im Gegenteil. Im Gegenteil. Erst wenn der Text auf dem Bildschirm erschien, konnte er sich in ihm wirklich spiegeln und mit der Maus in ihm herumfahren. Er würde sich einfach irgendwann in den Text verhuschen.

Aus: *Der Buchtrinker* von Klaas Huizing, btb

Proust Marcel
Schreiben ohne Ende.
1994. ca. 200 S. Insel
Ebr DM 52,-
ISBN 3-458-16538-X

Proust, Marcel
Lesen und Schreiben.
1983. 200 S. Insel Ffm
Ebr DM 38,-
ISBN 3-458-14119-7

Robinson, Andrew
Die Geschichte der Schrift
Von Keilschriften, Hieroglyphen, Alphabeten u. anderen Schriftformen
1996. 224 S. 50 farb. u. 300 s/w Abb. Haupt DM 69,- ISBN3-258-05373-1

Rüther, G.
Literatur in der Diktatur Schreiben im Nationalsozialismus und DDR-Sozialismus
1997. 500S. Schöningh
DM 29,80
ISBN 3-506-77365-8

Rütlinger, Caspar
Neuw zugerichtete Schreibkunst.
Reprint d. Aufl. 1605.
1996. 35 S. Danowski
SFr 4000,-

Rusterholz, Beat
Text- und Geschichtenwerkstatt
1994. 78 S. Verlag an der Ruhr DM 36,-
ISBN 3-86072-146-1

Sanders, Barry
Der Verlust der Sprachkultur
Die Pistole ist das Schreibgerät des Analphabeten. 1996. 353 S. Fischer Br DM 32,-
ISBN 3-10-076803-5

Barry Sanders, Literatur-Professor in Kalifornien, warnt vor der Bedrohung der Schriftkultur durch elektronische Medien, die Gewalttätigkeit und Analphabetismus fördern. Ein Plädoyer für das gesprochene und geschriebene – und gelesene Wort.

Schalk, G./Rolfes, B.
Schreiben befreit.
Ideen und Tips für das Schreiben in Gruppen und im stillen Kämmerlein. 1986. 176 S. Kleine Schritte Pb DM 19,80
ISBN 3-923261-09-8

Schmidt, Paul G.
Probleme der Schreiber - Der Schreiber als Problem. 1994. 18 S. Steiner, Fr Kt DM 22,-
ISBN 3-515-06512-1

Schneider, Wolf
Wörter machen Leute
1996. 7.Aufl. 1997. 432 S. Piper Tb DM 24,90
ISBN 3-492-20479-1
Ein Sachbuch, das sich wie ein Roman liest: Wolf Schneiders fesselnde Sprachwissenschaft macht uns den Gebrauch der Sprache bewußt, schärft die Sinne für Mißbrauch oder Schludrigkeiten im Alltag. Ergänzt durch eine Bibliographie mit Empfehlungen des Verfassers und ein Lexikon sprachwissenschaftlicher Begriffe.

Schreiben
Prozesse, Prozeduren
und Produkte. 1995, 367
S.. Kart. Westdeutscher
Vlg DM 62,--
ISBN 3-531-12627-X

**Schreibprozesse -
Schreibprodukte.**
Festschrift für Gisbert
Keseling. 1992. 408 S.
Olms, Ln DM 98,-
ISBN 3-487-09670-6

Schrift
Von den ersten Bilder-
schriften bis zum Buch-
druck. Hunderte v. farbi-
gen Abb. 1994. 64 S.
Gerstenberg DM 24,90
ISBN 3-8067-4452-1

Semprún, Jorge
Schreiben oder Leben.
1997. 368 S. Suhrkamp
Kt ca DM 18,80
ISBN 3-518-39227-1

Steffen, Karin
Schreibkompetenz.
Schreiben als intelligen-
tes Handeln. 1995. 224
S. Olms, Br DM 44,80
ISBN3-487-10031-2

Der Textberater.
Ratgeber für die Textar-
beit. Formulierungen und
Mustertexte für die Re-
de- und Schreibpraxis.
Loseblattausgabe.
1984 ff. ca. 2500 S. Hau-
fe, Ord DM 128,-
ISBN 3-448-01431-1

> Für mich ist Prosa-
> schreiben eine
> Lebensart,
> eine Art, auf der Welt
> zu sein...
> Martin Walser

Tielsch, Ilse
**SchriftstellerIn? - Um
Gotteswillen!**
Vom Schreiben und vom
Vorlesen. 1993. 178 S.
Styria Pp DM 27,-
ISBN 3-222-12187-7

Vogt, Walter
Werkausgabe. Bd 10:
**Schreiben als Krank-
heit und als Therapie.**
1992. 368 S. Nagel &
Kimche Gb DM 44,80
ISBN 3-312-00164-1

VomScheidt, Jürgen
**Kurzgeschichten
schreiben.**
Eine praktische Anlei-
tung.
1995. 112 S. Fischer Tb
Kt DM 14,90
ISBN 3-596-11639-2

Vom Schreiben Teil 1
**Das weiße Blatt oder
Wie anfangen?**
3. durchges. Aufl. 1997.
112 S. 73 Abb., Marba-
cher Magazin, Dt.
Schillerges. Br DM 12,-
ISBN 3-929146-20-7

Vom Schreiben. Teil 2
**Der Gänsekiel oder
Womit schreiben?**
Marbacher Magazin
69/1994 Deutsche
Schillerges. DM 12,-
ISBN 3-929146-21-5

Vom Schreiben. Teil 3
**Stimulanzien oder Wie
sich zum Schreiben
bringen ?**
2. Aufl. 1995. 112 S., 46
Abb. Deutsche Schiller-
ges. Br DM 12,-
ISBN 3-929146-29-0

Vom Schreiben. Teil 4:
**Im Caféhaus oder Wo
schreiben?**
1996. 128 S., 73 z.T. farbige Abb. Deutsche
Schillerges. Br DM 12,-
ISBN 3-929146-42-8

Wachtel, Stefan
Schreiben fürs Hören.
Trainingsexte, Regeln
und Methoden. 1996. ca.
200 S. UVK Medien Br
ca DM 32,-
ISBN 3-89669-030-2

Witter, Ben
**Angst auf weisse Zettel
schreiben und andere
Texte.** 1993. 256 S.
Luchterhand Literaturvlg
Gb DM 39,-
ISBN 3-630-86823-1

**Wo man aufgehört hat
zu handeln, fängt man
gewöhnlich an zu
schreiben.**
Johann Gottfried Seume
in seiner Zeit.
1991. 372 S. Aisthesis
Br DM 48,-
ISBN 3-925670-34-3

Wouters, Liliane
**Journal du scribe
/Tagebuch des
Schreibers.**
1996. 115 S. Verlag im
Wald Kt DM 22,-
ISBN 3-929208-24-5

Wrobel, Arne
**Schreiben als
Handlung.**
Theorie der Textpro-
duktion.
1995. XIII,220 S. Nie-
meyer, M Kt DM 98,-
ISBN 3-484-31158-4

Verlage

"ICH VERLASSE DICH, SIEGFRIED. ICH PASSE NICHT MEHR IN DEIN PROGRAMM."

150 Jahre Calwer Verlag 1836-1986.
Ein bibliographisches Verzeichnis.
1986. 256 S., 26 Abb.
Calwer Gb DM 38,-
ISBN 3-7668-0802-8

150 Jahre Reclam.
Daten, Bilder und Dokumente zur Verlagsgeschichte 1828-1978.
1978. 260 S., 201 Abb.
Reclam, Ph Ln Schutzgeb DM 12,-
ISBN 3-15-010000-3

Reclam
125 Jahre Universalbibliothek. 1867-1992.
Verlags- und kulturgeschichtliche Aufsätze.
504 S. 94 Abb. geb.
Reclam DM 68,-

75 Jahre Grünewald Bücher. Zeit zu verstehen - Mut zum Leben - Freude am Lesen.
Ein Almanach. 1993.
136 S. Matthias-Grünewald Kt DM 5,-
ISBN 3-7867-1699-4

Aus: *Warum liegt mein Buch nicht neben der Kasse,* Rotbuch Verlag

Auf Verlegers Rappen.
Verlagsvertreter berichten von ihren Begegnungen mit Buchhändlern, Verlegern und Autoren.
Herausg. v. Hans Jordan.
2. Aufl. 1994. X, 256 S.
Metzler DM 39,80
ISBN 3-476-01239-5

Augenlust und Zeitspiegel. Katalog und Handbuch von Büchern, Musikalien, Landkarten, Veduten, Zeitungen und Zeitschriften von österreichischen Verlagen des 18. und 19. Jahrhunderts, meist in seltenen Erstausgaben. 1995. 164 S., 8 S. farb. u. 60 schw.-w. Abb. Böhlau Br DM 56,-
ISBN 3-205-98450-1

AutorenVerlag Matern.
Eine aphoristische Präsentation. 1996. 11 S.
Matern Br DM 20,-
ISBN 3-929899-00-0

Ernst Barlach/ Reinhard Piper Briefwechsel 1900-1938
976 S.Ln. Piper 198 DM
ISBN 3-492-3511-6

Bartels, August
Vertrieb und Werbung im Buchverlag.
1991. 102 S. Buchhändler heute Kt DM 48,- ISBN3-920514-21-1
Grundwissen und Anregungen für die Vertriebsarbeit im Verlag, vermittelt von einem Praktiker.

Beck.
Festschrift zum 200jährigen Bestehen des Verlages C. H. Beck 1763-1963.1963. IX,300 S., 30 Abb., 2 farb. Taf., Beck, Ln DM 20,-
ISBN 3-406-01027-X

Behm, H. /Schulz, H. /Wörner, J.
Büchermacher der Zukunft - Marketing und Management im Verlag.
1992. XII,153 S., 5 Abb., 1 Anzeige. Wiss. Buchges. Kt DM 29,80
ISBN 3-534-11867-7
Vier Branchenprofis analysieren die Arbeit im Verlag und geben wertvolle Tips, besonders für Mitarbeiter größerer Verlagsunternehmen interessant.

Behrendt, Ethel L.
Der Herr war Dein Hirte - Dir wird nichts mangeln. Gedächtnisschrift für eine Mutter, die selbstlos zur Verlegerin wurde. 1985.IX,135 S., 7 Abb. Meta-Vlg Kt DM 27,-
ISBN 3-922479-18-9

Bezold, Johannes
Preis- und Produktdifferenzierung Determinanten des strategischen Produktmanagements im Buchverlag. 1991. XVI,291 S., 70 Abb. Harrassowitz, Br DM 98,-
ISBN 3-447-03181-6

Bibliographie Verlag C. H. Beck 1913-1988. Biederstein Verlag 1946-1988. Verlag Franz Vahlen 1970-1988. 1988. XIV,799 S. Beck, Ln DM 58,-
ISBN3-406-33198-X

Bibliothek Suhrkamp - Band 1 bis Band 1000. Bibliographie 1951 bis 1988. 1989. 230 S. Suhrkamp Gb DM 14,80
ISBN 3-518-09800-4

Blana, Hubert
Prüfungsfragen für Verlagskaufleute. 2. Aufl. 1996. 176 S. Triltsch Kt DM 44,-
ISBN 3-7998-0070-0

Brinkschmidt-Winter, U.
Der Buchmarkt in den Vereinigten Staaten. 1997. ca.140 S. Hardt & Wörner Br DM118,-
ISBN3-930120-11-9

Das Buch vom Verlag der Autoren 1969-1989. 1989. 304 S. Verlag d. Autoren Ebr DM 20,-
ISBN 3-88661-098-5

Der Carl Hanser Verlag 1978-1988. Eine Bibliographie. 1988. 586 S. Hanser, Ln DM 48,-
ISBN 3-446-15312-8

Clark, Giles
Karrierechancen im Verlag. Einsteigen und Weiterkommen. 1996. 193 S. Hardt & Wörner Ebr DM 34,-
ISBN 3-930120-09-7

Davies, Gill
Beruf Lektor. 1995. 240 S. Hardt & Wörner Br DM 68,-
ISBN 3-930120-07-0

edition suhrkamp Band 1 bis Band 1000. Bibliographie 1963 bis 1980. 1980. 304 S. Suhrkamp Kt DM 5,-
ISBN 3-518-09306-1

Ernst Hauswedell 1901-1983. 1987. 336 S., 65 Abb. Hauswedell, Stgt Ln DM 140,-
ISBN 3-921743-33-8

Fertig, Ludwig
"Ein Kaufladen voll Manuskripte" Jean Paul und seine Verleger. 1989. 123 S., 9 Abb. Buchhändler-Vereinigung Gb DM 66,-
ISBN3-7657-1511-5

Fischer, Brigitte B.
Sie schrieben mir oder Was aus meinem Poesiealbum wurde 462 S.ill. dtv DM 19,90
ISBN 3-423-01685-X
Die Lebensgeschichte der Verlegerin und Tochter Samuel Fischers – nicht nur ein Zeugnis der Begegnungen mit grossen Literaten, eine bewegende Lebensgeschichte.

Friesen, Gerhard K.
Der Verleger ist des Schriftstellers Beichtvater. Karl Gutzkows Briefwechsel mit dem Verlag F.A.Brockhaus 1831-78. 1987. 213 S., 13 Abb. Buchhändler-Vereinigung Gb DM 114,-
ISBN 3-7657-1388-0

Handbuch der Verlagsauslieferungen. 1995. 58 S. Hardt & Wörner Ringh DM 88,-
ISBN 3-930120-04-6

Heimeran, Ernst
Der Verlagsvertreter. Nachdr. d. Aufl. 1956. 1987. 54 S. Königshausen u. Neumann Ebr DM 10,- ISBN3-88479-331-4

Heinold, Wolfgang E.
Bücher und Büchermacher. Was man von Verlagen und Verlegern wissen sollte. 4. Aufl. 1993. 395 S. Hüthig Br DM 29,80
ISBN 3-8226-1592-7
Eine kompakte Einführung in die Geheimnisse des Verlagswesens mit Fotos, Tabellen und Diagramme von einem bekannten Verlagsberater geschrieben.

Heinold, Wolfgang E.
Der Buch- und Pressemarkt. Buch-, Zeitschriften- und Zeitungsverlage. Buch- und Presseeinzelhandel. Arbeitsmappe für betriebswirtschaftliche, rechtliche und steuerliche Fragen der Betriebsführung. Loseblattausg. 1995. 408 S. Stollfuss iOrd DM 148,-
ISBN 3-08-378000-1

Heitz, Bruno
Wau!
Der schreibende Hund.
Eine Geschichte aus dem
Verlagsalltag.
1994. 32 S., farb. Ill. Picus Gb DM 7,-
ISBN 3-85452-072-7
Wie Hund den richtigen Verlag findet – und sich auf dem Weg zum Bestseller einige nicht ganz unbekannte Absagen einhandelt...
Originaltitel: *Ouah! Le chien écrivain.*

Hess, Wolfgang
Der Wolff-Verlag in Plauen und die bündische Jugend im III. Reich. 1993. 70 S., 7 Abb.
Vogtland Br DM 14,80
ISBN 3-928828-08-8

Hoffmann und Campe.
Bibliographie 1781-1981. 1983. 532 S. Hoffmann u. Campe Ln iSch DM 128,-
ISBN 3-455-07440-5

Hofmann-Randall, C.
Das Archiv des Verlags Kösel seit 1945.
Kataloge der Universitätsbibliothek Eichstätt. 1993. X,326 S. Kösel Gb DM 198,-
ISBN 3-466-10150-6

Holl, Frank
Produktion und Distribution wissenschaftlicher Literatur. Der Physiker Max Born und sein Verleger Ferdinand Springer 1913-1970. 1996. 225 S., 32 Abb.
Buchhändler-Vereinigung Gb DM 186,-
ISBN 3-7657-1962-5

Jaeckel, Ralf
Handbuch Verlags PR.
Weit mehr als neue Rezensionen.
1996. 276 S. Luchterhand Ln DM 178,-
ISBN 3-472-02133-0

Kalender, Barbara
Nachmärz.
Eine Bibliographie des März Verlags 1969 bis 1987 nebst Melzer Verlag und Olympia Press. 1992. ca. 240 S., 40 S. Abb. März Desktop Lim., num. Ebr DM 128,-
ISBN 3-920096-14-2

Klein-Blenkers, C.
Marketing für Fachbuchverlage.
Absatz von Fachbüchern an berufliche Verwender. 1995. XII,439 S., 41 Abb. Harrassowitz, Br DM 248,-
ISBN 3-447-03625-7

Vittorio Klostermann, Frankfurt am Main.
Verlagskatalog 1930-1980. 1980. XX,180 S. Klostermann, Pb Schutzgebühr DM 5,-
ISBN 3-465-01433-2

Kramer, Henriette
Georg von Cotta 1796-1863 als Verleger.
1985. 92 S., 20 Abb.
Sonderdr Buchhändler-Vereinigung Gb DM 46,-
ISBN 3-7657-1323-6

Kröner, Lars
Rundfunkanstalten als Verleger?
Möglichkeiten und Grenzen verlegerischer Betätigungen aus verfassungs-, wettbewerbs-

und kartellrechtlicher Sicht. 1996. 96 S. Lit Münster Br DM 48,80
ISBN 3-8258-2924-3

Krüger, Jens P.
Direktmarketing in Verlag u. Buchhandel.
1995. 140 S. Hardt & Wörner Ebr DM 128,-
ISBN 3-930120-02-X

Lorenz, Heinz
Die Universum-Bücherei. Geschichte und Bibliographie einer proletarischen Buchgemeinschaft, 1926-1939. 1996. 246 S., über 300 Abb. Tasbach, DM 45,-
ISBN 3-9804849-0-4

Mair, Stephanie
Formen der Verlagskooperation.
Möglichkeiten und Grenzen. 1988. VI,109 S. Harrassowitz, Br DM 54,- ISBN 3-447-02838-6

Mehler, Horst A.
Wie finde ich einen Verleger.
11 Karikat. 1990. 225 S. Möwe Gb DM 38,-
ISBN 3-925127-05-4

Mundhenke, Reinhard
Der Verlagskaufmann.
Berufsfachkunde für den Kaufmann im Zeitungs-, Zeitschriften- und Buchverlag. 7. Aufl. 1993. 688 S. Societäts-Vlg Gb DM 64,-
ISBN 3-7973-0431-5

Owen, Lynette
Selling Rights - Rechte vermarkten.
1997. 266S. Ebr Hardt & Wörner DM 88,-
ISBN 3-930120-06-2

Paisey, David L.
Deutsche Buchdrucker, Buchhändler und Verleger 1701-1750.
1988. XIII,361 S. Harrassowitz, Br DM 138,-
ISBN 3-447-02825-4

Piper-Bibliographie 1979-1989.
306 S. Piper, Ln DM 38,-
ISBN 3-492-03088-2

Piper, Reinhard
Mein Leben als Verleger.
Vormittag-Nachmittag. 739 S. 131 Abb. Ln. Piper DM 44,--
ISBN 3-492-01436-4

Probleme des Verlagsgeschäfts.
Beiträge zur Entwicklung des Literaturmarktes. Harrassowitz, Br DM 48,-
ISBN 3-447-03645-1

Quedenbaum, Gerd
Der Verleger und Buchhändler Johann Heinrich Zedler 1706-1751.
Ein Beitrag zur Geschichte des deutschen Buchhandels im 18. Jahrhundert. 1977. 312 S., zahlr. Abb. Olms, Pp DM 39,80
ISBN 3-487-06241-0

Reclams Universal-Bibliothek.
Stuttgart 1947-1992. Eine Bibliographie. 1992. 661 S. Reclam, Ph Gb DM 48,-
ISBN 3-15-010379-7

Reiter, Hanspeter
Telemarketing für Buchhandlungen und Verlage. 1996. ca. 180

S. Hardt & Wörner Br DM 128,-
ISBN 3-930120-12-7

Röhring, Hans H.
Wie ein Buch entsteht.
Einführung in den modernen Buchverlag. 6. Aufl. 1997. ca.X,228 S., Primus Kt DM 34,-
ISBN 3-89678-301-7
Der Verleger Röhring gibt in diesem Band eine Einführung in das Buchverlagswesen, knapp, direkt und übersichtlich.

Ruf, Winfried
Das 3 x 3 Verfahren zur Entwicklung von Verlagsobjekten.
1991. 260 S., 120 Abb. Ruf, W Gb DM 120,-
ISBN 3-928752-00-6

Ruf, Winfried
Der GrundmärkteKreis zur Positionierung von Verlagsgeschäften.
1992. Ruf, W Efal DM 120,-
ISBN 3-928752-01-4

Rumland, Marie K.
Veränderungen in Verlagswesen und Buchhandel der ehemaligen DDR 1989-1991. 1993. IX,257 S., 2 Abb. Harrassowitz, Br DM 128,-
ISBN 3-447-03419-X

Runge, I./Stelbrink, U.
Georg Mosse: "Ich bleibe Emigrant".
1991. 121 S. Dietz Vlg Bln Br DM 12,80
ISBN 3-320-01754-3

Schönstedt, Eduard
Der Buchverlag.

Geschichte, Aufbau, Wirtschaftsprinzipien, Kalkulation und Marketing. 1991. XIII,282 S., 20 Abb. Metzler, Gb DM 39,80
ISBN 3-476-00741-3

Schweitzer, Pascal
Der Buchmarkt in Frankreich.
1997. 125 S. Hardt & Wörner Ringb. DM 118,-
ISBN 3-930120-10-0

Steinky, Josef
Hamburger Kleinverlage in der Zeit der Weimarer Republik
Eine Dokumentation publizistischer Vielfalt 1997. 368 S. Kovac DM 98,- ISBN3-86064-581-1

Stiehl, Ulrich
Die Buchkalkulation.
Ein Lehr- und Übungsbuch. 4. Aufl. 1989. 257 S. Harrassowitz, Kst DM 74,-
ISBN 3-447-02908-0

Stockem, Anno
Vermarktung von Büchern. Eine Analyse aus der Sicht von Verlagen. 1988. VI,120 S. Harrassowitz, Br DM 54,-
ISBN 3-447-02779-7

Strauch, Thomas
Bücher verlegen und kulturwirtschaftlicher Widerspruch.
1992. 254 S., zahlr. Abb. u. Tab. Lang, Br DM 79,- ISBN3-631-45243-8

Verlagshandbuch
Loseblattwerk i.O. 1997, Input, Grundwerk zur Fortsetzung DM 132,-, 3 Erg. p.a. je DM 70,-
ISBN 3-930961-20-2

Viesel, Hansjörg
Der Verleger Heinrich F. S. Bachmair 1889-1960.
Expressionismus, Revolution und Literaturbetrieb. 1989. 64 S., 23 s/w- Abb. Akademie der Künste Br DM 9,-
ISBN 3-88331-961-9

Von Göschen bis Rowohlt. Festschrift für Heinz Sarkowski zum 65. Geburtstag. 1990. 393 S., 8 Abb. Harrassowitz, Ln DM 148,-
ISBN 3-447-03047-X

Wirthle, Werner
Frankfurter Zeitung und Frankfurter Societäts-Druckerei GmbH. Die wirtschaftlichen Verhältnisse 1927 - 1939. 1977. 72 S. Societäts-Vlg Br DM 20,-
ISBN 3-7973-0309-2

Wolff, Kurt
Briefwechsel eines Verlegers 1911-1963. 1980. Fischer Kt DM 19,80
ISBN3-596-22248-6

Wolff, Kurt
Autoren/Bücher/ Abenteuer 128 S. Wagenbach DM 17,80
ISBN 3-8031-0001-1
Erinnerungen eines Verlegers Quartheft 1

Ziegler, Edda
Julius Campe - Der Verleger Heinrich Heines. 1976. 380 S., 8 Abb. Hoffmann u. Campe Pb DM 58,-
ISBN 3-455-09904-1

»Herr Dr. Luther: Ich kann Ihnen 1% des Ladenpreises für Ihre Bibelübersetzung bieten – und da setz ich noch zu ...«

»Also gut: 2%.«

Aus: F.W. Bernstein *Achtung! Lesen gefährdet Ihre Dummheit.* Haffmanns Verlag

Recht

Bappert/Maunz/
Schricker
Verlagsrecht.
Kommentar zum Gesetz
über das Verlagsrecht
vom 19.6.1901. 2. Aufl.
1984. XXII,807 S. Beck,
Ln DM 148,-
ISBN 3-406-09866-5

Braun-Schwarz, I.
**Die verlegerische Haf-
tung auf Unterlassung
für wettbewerbswidrige
Anzeigen in periodi-
schen Druckwerken.**
1994. 195 S. Lang, DM
65,- ISBN3-631-47860-7

Bülow, Michael
**Buchmarkt und
Autoreneigentum.**
Die Entstehung des Ur-
hebergedankens im 18.
Jahrhundert. 1990. 100
S. Harrassowitz, Br DM
54,- ISBN3-447-03006-2

Delp, Ludwig
**Kleines Praktikum für
Urheber- und Verlags-
recht.** 3. Aufl. 1995. 183
S. Beck, Kt DM 28,-
ISBN 3-406-39477-9

Delp, Ludwig
Der Verlagsvertrag.
Ein Handbuch
6. Aufl. 1994. 404 S.
Beck, Ln DM 148,-
ISBN 3-406-38135-9

Grosshardt, Holger
**Die Preisbindung für
Verlagserzeugnisse
nach Europäischem
Gemeinschaftsrecht.**
1995. 238 S. Hartung-
Gorre Br DM 88,-
ISBN 3-89191-892-5

Haberstumpf
**Handbuch des Urhe-
berrechts**
1996. 250 S. Luchter-
hand, gebd. DM 98,-
ISBN 3-472-02676-6

Harke, D
Urheberrecht
Fragen und Antworten
1997, 297 S. Heymanns
DM 80,-
ISBN 3-452-23628-5

Hemler, Tobias
**Das Urheberrecht bei
Veränderungen im
Verlagsunternehmen.**
1993. 168 S. Lang, Br
DM 53,-
ISBN 3-631-45631-X

**Internet und
Multimediarecht**
1997, Schäffer-Poeschel
DM 78,-
ISBN 3-7910-1007-7

Kohler, Josef
**Urheberrecht an
Schriftwerken und
Verlagsrecht.**
1980. XII,515 S. Scientia
Ln DM110,-
ISBN3-511-00967-7

Leiss, Ludwig
Verlagsgesetz.
Kommentar mit Ver-
tragsmustern.
1973. XVI, 530 S. de
Gruyter Kt DM 118,-
ISBN 3-11-003717-3

Lutz, Peter
**Verträge für die
Multimedia-
Produktion.**
1996. IX,200 S. Wiley-
VCH Br DM 88,-
ISBN 3-527-28737-X

Recht im Verlag
Ein Handbuch für die
Praxis
1995. 672 S. Kst Buch-
händler-Ver. DM 138,-
ISBN 3-7657-1902-1

Schulze, Marcel
**Urheberrechts CD-
ROM 97/98.**
1997. VCH DM 440,-
ISBN 3-527-28753-1

Schulze
**Leitfaden zum Urhe-
berrecht des Künstlers**
1997, 162 S. Luchter-
hand DM 88,-
ISBN 3-472-02558-1

Rappers, Thomas
**Vertikale Preisbindung
bei Verlagserzeugnis-
sen und Schulbuch-
handel.**
1991. 220 S. Centaurus
Efal DM 44,-
ISBN 3-89085-519-9

Schiwy, Peter
Medienrecht
Lexikon für Wissen-
schaft und Praxis
3. Aufl. 1994, 552 S.
Luchterhand, gebd. DM
98,- ISBN3-472-01569-1

**Schriftsteller vor Ge-
richt.** 1996. 400 S.
Suhrkamp Kt DM19,80
ISBN3-518-39028-7

Ulmer, Eugen
**Urheber- und Verlags-
recht.** 3., neubearb. Aufl.
1980. XX,610 S. Sprin-
ger Geb DM 214,-
ISBN 3-540-10367-8

**Das Urheberrecht auf
dem Weg zur Informa-
tionsgesellschaft**
287 S. 1997, Br DM 88,-
ISBN 3-7890-4857-7

Buch

Aus: Die Graphischen
Bücher, Faber & Faber,
Leipzig

Die argen Bücher
Geschichten für vorwit-
zige Leser
1991, 231 S. Fischer Tb
DM 14,80
ISBN 3-596-10169-7

**Beiträge zur Geschichte
des Buchwesens im
frühen 19. Jahrhun-
dert**. Hrsg. v. Lehm-
stedt, Mark. 1993. 233
S., 12 Abb. Harrasso-
witz, Br DM 60,-
ISBN 3-447-03407-6

**Beiträge zur Geschichte
des Buchwesens im
konfessionellen Zeital-
ter.** 1985. 336 S., 44
Abb. Harrassowitz Br
DM 128,-
ISBN 3-447-02588-3

Berger, Ralph
**Die Gesellschaft der
Münchner Bibliophilen
1907-1913.**

Von Menschen, Büchern,
Scherzen, Max Halbe,
seine Anakreontik,
seiner Kegelleiden
schaft und von Samoa.
1992. Berger, R DM
18,- 3-9801258-2-3

Bevilacqua, Emanuele
**Die Bibliothek von
Fort Knox.**
Fiktive Vorträge zur Zu
kunft des Buches, des
Bücherlesens und das
Bücherlesers. 1995. 96
S. Dielmann DM 22,-
ISBN 3-929232-25-1

**Bibliothek des Buch-
wesens.** Hrsg. Stephan
Füssel,. Hiersemann,
ISBN 3-7772-7227-2

Birt, Theodor
**Das antike Buchwesen
in seinem Verhältnis
zur Literatur.**
2. Neudr. d.Ausg. 1882
1974. Scientia Ln DM
94,- ISBN3-511-00012-2

Bittschrift des Papiers.
Nach d. Erstdruck v.
1789 Museum f. Verkehr
u. Technik, Berlin. 1990.
28 S. Berliner Biblio-
philen Abend Ebr DM
48,- ISBN3-9801998-2-7

Blanck, Horst
**Das Buch in der Anti-
ke.** 1992. 246 S., 121
Abb. Beck, Br DM 48,-
ISBN 3-406-36686-4

Bogeng, Gustav A.
**Einführung in die
Bibliophilie.**
Nachdr. d. Ausg. v.
1931. 1985. VII,251 S.
Hiersemann, Ln DM 68,-
ISBN 3-7772-6839-9

**Das Buch als magisches
und Repräsentations-
objekt.** 1992. IV,184 S.
Harrassowitz,Br DM 78,-
ISBN 3-447-03351-7

Buchkultur in Mainz -
Schrift, Druck, Buch im
Gutenberg-Museums.
1985. 208 S., 113 s/w u.
55 farb. Abb. Zabern-
druck Gb DM 39,80
ISBN 3-8053-0823-X

**Buchwissenschaftliche
Beiträge aus dem Deut-
schen Bucharchiv
München**.
Gesamtregister der Bän-
de 1-10. 1986. IV,113 S
Harrassowitz Br DM 64,-
ISBN 3-447-02596-4

**Bücher Lust und
Leidenschaft.**
Zehn bibliophile Beiträ-
ge. 1988. 162 S., 50 Abb.
Fränk. Bibliophilenges.
Ln DM 40,-
ISBN 3-924563-03-9

**Bücher, nichts als Bü-
cher.** 1994. 215 S. Thien
u. Wienold Kt DM 29,80
ISBN 3-929586-36-3

**Bücherkataloge als
buchgeschichtliche
Quellen in der frühen
Neuzeit.**
1985. 313 S., 8 Abb.
Harrassowitz Br DM
128,-
ISBN 3-447-02529-8

Cotroneo, Roberto
**Wenn ein Kind an ei-
nem Sommermorgen**
Brief an meinen Sohn
über die Liebe zu Bü-
chern
1997. Econ DM 29,80
ISBN 3-547-71917-8

Dahm, Volker
Das jüdische Buch im Dritten Reich.
2. Aufl. 1993. 576 S., 15 Abb. Beck Ln DM 78,-
ISBN 3-406-37641-X

Darnton, Robert
Literaten im Untergrund. Lesen, Schreiben und Publizieren im vorrevolutionären Frankreich. 1985. 224 S. Hanser Ln DM 39,80
ISBN3-446-13828-5

De captu lectoris. Wirkungen des Buches im 15. und 16. Jahrhundert dargestellt an ausgewählten Handschriften und Drucken.
1988. XI,313 S., 40 Abb. de Gruyter Ln DM 223,-
ISBN 3-11-009989-6

Ewers, H-H., Seibert, E.
Geschichte der österreichischen Kinderund Jugendliteratur
1997. ca 208 S. Buchkultur Br. DM 52,80
ISBN 3-901052-32-1

Das Exlibris
Eine Kulturgeschichte in 1600 Abbildungen
1990, 596 S. Harenberg, DM 48,-
ISBN 3-88379-600-X

Flachmann, Holger
Martin Luther und das Buch.
1996. IX,385 S. Mohr, Ln DM 198,-
ISBN 3-16-146599-7

Funke, Fritz
Buchkunde.
5. Aufl. 1992. 393 S., 170 Abb. Saur, DM 78,-
ISBN 3-598-11051-0

Ellis, E. /Seebohm, C. /Sykes, Christopher S.
Mit Büchern leben.
Buchliebhaber und ihre Bibliotheken. Durchg. farb. Abb. 1996. 256 S. Gerstenberg DM 128,-
ISBN 3-8067-2808-9
Vierzig Bibliotheken und ihre zwei- und oft vierbeinigen Bewohner: Ein wunderschöner Bildband, der in keiner privaten Bibliothek fehlen sollte, auch Anregung für Innenarchitekten: Was macht den Charme der nur vordergründig chaotisch wirkenden Arbeits- und Leseräume aus? »Ich könnte nie in einem Zimmer ohne Bücher leben. Bücher verändern Räume.« (Timothy Mawson) **Und die Möbel, die sie beherbergen, angefangen von Regalen über Bücherschränke, Magazine, Bücherleitern und Beleuchtung bis hin zu Büchermotiv-Tapeten und Stoffe. Mit** *Dichter und ihre Häuser* **unser zweiter Lieblingsbildband.**

Gerhardt, Claus W.
Beiträge zur Technikgeschichte des Buchwesens. 1976. 144 S., zahlr. schw.-w. Abb. Polygraph Pp DM 38,-
ISBN 3-87641-195-5

Die Geschichte des Buches. 1996. 32 S., zahlr. Abb., Bibliographisches Inst. Ringb DM 29,80
ISBN 3-411-09171-1

Göllner, Carl
Turcica.
Die europäischen Türkendrucke des 16. Jahrhunderts. 3 Bde. 1968-1994. Koerner, Valentin zus DM 280,-
ISBN 3-87320-023-6

Graf, Martina
Buch- und Lesekultur in der Residenzstadt Braunschweig. 1994. 318 S., Abb. Buchhändler-Ver. Gb DM 198,-
ISBN3-7657-1842-4

Günther, Horst
Das Bücherlesebuch.
Vom Lesen, Leihen, Sammeln: von Büchern, die man schon hat und solchen, die man endlich haben will.
1992. 168 S., Abb. Wagenbach Kt DM 16,80
ISBN 3-8031-2200-7

Gutenberg-Jahrbuch
1997 DM 130,-
frühere Jahrgänge dieses Mainzer Spiegels der Buchwissenschaften sind noch lieferbar

Hamburger Bücher 1491-1850.
Aus der Hamburgensien-Sammlung der Staats- und Universitätsbibliothek Hamburg. 1973. 164 S., 132 Taf. Hauswedell Ln DM 96,-
ISBN 3-7762-0121-5

Hartmann, G./Wagner, J.
Das Buch und die Kirche. 1992. 60 S. Verband Kath. Verl. u. Buchhändler Br DM 10,-
ISBN 3-920918-48-7

Henze, Eberhard
Kleine Geschichte des deutschen Buchwesens.
1983. 132 S. Buchhändler heute Kt DM 26,-
ISBN 3-920514-18-1

Das Literarische Leipzig
Kulturhistorisches Mosaik einer Buchstadt
Hrsg. Andreas Herzog, ill. Edition Leipzig DM 78,- ISBN3-361-00431-4

Hesse, Hermann
Magie des Buches.
Betrachtungen.
Nachaufl. 1992. 132 S.
Suhrkamp Gb DM 19,80
ISBN 3-518-01542-7

Humanistische Buchkultur. Deutsch-Niederländische Kontakte im Spätmittelalter 1450-1520. 1994. Lit Münster Gb DM 68,80
ISBN 3-8258-2277-X

Hussmann, Heinrich
Über das Buch.
Aufzeichnungen aus meinen Vorlesungen.
1971. 109 S. Pressler, Ln DM 48,-
ISBN 3-87646-023-9

Illich, Ivan
Im Weinberg des Textes.
Als das Schriftbild der Moderne entstand. 1996.
215 S.Beck In Gemeinschaft mit d. Luchterhand Verlag Br DM 28,-
ISBN 3-406-41093-6

Ingold, Felix Ph.
Das Buch im Buch.
1988. 224 S. Merve Pb DM 18,-
ISBN 3-88396-065-9

Janzin, M. /Güntner, J.
Das Buch vom Buch.
5000 Jahre Buchgeschichte.
2. Aufl. 1997. 496 S
Schlütersche Gb DM 128,- bis 31.12.97
ISBN3-87706-515-5

Kleine Geschichten für Bücherfreunde.
Hrsg. von Ulla Küster
1993. 144 S., 30 Abb.
Engelhorn geb. DM 12,80
ISBN 3-87203-130-9
In einem liebevoll ausgestatteten Bändchen präsentiert der Engelhorn-Verlag die amüsanten kleinen Anekdoten rund ums Buch.

Neue Geschichten für Bücherfreunde
1996. 128 S. 20 Abb.
Engelhorn, DM 12,80
ISBN 3-82703-205-4
Mehr über Schriftsteller, Verleger, Buchhändler, Leser – und Bücher.

Lance, A. /Bouchez, M.
Des Livres - Des Lettres.
Ein Wortschatz und Reiseführer durch die französische Buchlandschaft.
1990. 127 S. DM 15,-
ISBN 3-9801365-2-3

Lanckoronska, M. /Rümann, A.
Geschichte der deutschen Taschenbücher und Almanache aus der klassisch romantischen Zeit.
Neudr. d. Ausg. 1954.
1985. 215,8 S., 160 Taf.
Wenner, Ln DM 188,-
ISBN 3-87898-301-8

Lehrmann, Joachim
Herausragende Standorte der Buch- und Papiergeschichte in Niedersachsen.
1994. 369 S., 350 Abb.
Lehrmann, Gb DM 52,-
ISBN 3-9803642-0-8

Liebe zu Büchern.
1995. 80 S., farb. Abb.
ars edition Efal DM 9,80
ISBN 3-7607-8550-6

Die Liebe zu Büchern.
Am Erker 28. Anthologie alter und neuer Texte.
1994. 100 S. Kt DM 8,-
ISBN 3-925084-14-2

Lucht, Irmgard
Wie kommt der Wald ins Buch?
Irmgard Lucht erzählt vom Bildermalen und Büchermachen. 3. Aufl.
1990. 38 S. Ellermann Pp DM 26,80
ISBN 3-7707-6295-9
Ein didaktisches Kinderbuch, das die Entstehung eines Bildbandes von der Idee über das Malen und die Gestaltung bis zum Druck erklärt.

Wissen Sie, dass Bücher nach Muskatnuß oder sonstwelchen fremdländischen Gewürzen riechen? Als Junge habe ich immer daran geschnuppert. Gott, was gab es schöne Bücher, ehe wir davon abbekamen.
Faber in Ray Bradburys Fahrenheit 451

Aus: Peter Gaymann *Unheimliche Begnungen*, Fackelträger Verlag

Manasse, Peter M.
**Verschleppte Archive
und Bibliotheken**
Die Tätigkeiten des Einsatzstabes Rosenberg
während des Zweiten
Weltkrieges
151 S. 5 Abb. Röhrig Br.
DM 36,-
ISBN 3-861110-131-9

Maywald-Pitellos, Claus
Buchkunde.
Kriterienerstellung und
Schlüsselverzeichnis zur
Aufnahme von Einbänden und buchtechnischen
Elementen mit Hilfe einer Datenbank. 1995. 28
S. NG Kopierladen Kt
DM 12,50
ISBN 3-928536-48-6

Meier-Hirschi, Ursula
**Bücher machen Kinder
stark.**
1994. ca. 100 S. Pro Juventute Gb DM 24,80
ISBN 3-7152-0300-5

Mendlewitsch, Doris
Rund ums Buch.
Ein Leitfaden für Autoren und Leser. Ill. 1996.
ca. 140 S.. Daedalus Gb
DM 19,80
ISBN3-89126-058-X

Migon, Krzysztof
Das Buch als Gegenstand wissenschaftlicher Forschung.
Buchwissenschaft und
ihre Problematik. 1990.
VI,341 S. Harrassowitz
Br DM 128,-
ISBN 3-447-03035-6

Museum der Bücher
75 herausragende Bücher
und Tafelwerke seit Begründung der Druckkunst.

Hrsg. Hans Adolf Halbey, 2. Aufl. 1991, 472
S. 187 Abb.,86 in Farbe,
Harenberg, DM 29,80
ISBN 3-88379-500-3

Presser, Helmut
Buch und Druck.
Aufsätze und Reden.
1974. 164 S. Scherpe, R
Ebr DM 16,-
ISBN 3-7948-0154-7

Raabe, Paul
Bücherlust und Lesefreuden. Beiträge zur
Geschichte des Buchwesen im 18. und frühen
19. Jahrhundert.
1984. X,344 S., 6 Abb.
Metzler, Gb DM 78,-
ISBN 3-476-00556-9

Scheidt, Gabriele
Der Kolportagebuchhandel 1869-1905.
Eine systemtheoretische
Rekonstruktion.
1994. 349 S. Metzler, Kt
DM 45,-
ISBN 3-476-45046-5

Schottenloher, Karl
**Bücher bewegten die
Welt.** Eine Kulturgeschichte des Buches. 2
Bde. Neudr. 2. Aufl.
1968. 628 S. Hiersemann, Ln zus DM 160,-
ISBN 3-7772-6811-9

**Die vergessenen
Bücher.**
Was mit der Buchproduktion der DDR geschah. Informationsheft
zur Ausstellung. Fotos,
Texte und Information.
50 S. Informationszentrum Dritte Welt
Hann. DM 5,-
ISBN 3-928407-49-X

Wächter, W.
Bücher erhalten, pflegen und restaurieren
278 S. 145 Abb.
Hauswedell DM 266,-
ISBN 3-7762-0402-8

Weigel, Hans
**Das Schwarze sind die
Buchstaben.**
Ein Buch über dieses
Buch. 1983. 128 S. Styria Graz Pp DM 19,80
ISBN 3-222-11459-5

Wetzel, Michael
**Die Enden des Buches
oder Die Wiederkehr
der Schrift.** Von den literarischen zu den technischen Medien. 1991.
244 S., 1 Abb. Wiley-VCH, Gb DM 39,-
ISBN 3-527-17777-9

Wieso Bücher?
Wie und mit welchen
Absichten überlebt man
gute Bücher, Zimmerbrände, deutsche Umgebung? Oder: Anstiftung
von Denken und Laune!
1994. 144 S. Wagenbach, Br DM 9,50
ISBN 3-8031-3576-1

Willms, Johannes
Bücherfreunde – Büchernarren.
Entwurf zur Archäologie
einer Leidenschaft. 1978.
228 S. Harrassowitz, Gb
DM 29,80
ISBN3-447-01982-4

Zbikowska-Migon, A.
**Anfänge buchwissenschaftlicher Forschung
in Europa.**
1994.VII, 419 S. Harrassowitz, Br DM 186,-
ISBN 3-447-03596-X

Buchkunst
Illustration

P. VERGILI MARONIS ECLOGA DECIMA
GALLUS

EXTREMUM HUNC. ARETHUSA MIHI
CONCEDE LABOREM , PAUCA MEO GAL
LO SED QUAE LEGAT IPSA LYCORIS ,
CARMINA SUNT DICENDA: NEGET
QUIS CARMINA GALLO?

**Aus: Papiergesänge,
Prestel Verlag**

**Aspekte der literari-
schen Buchillustration
im 20. Jahrhundert.**
191 S., 61 Abb. Har-
rassowitz Gb DM 128,-
ISBN 3-447-03828-4

**Bartkowiaks
Forum Book Art**
Int. Jahrbuch zeitgen.
Buchkunst Bartkowiak
DM 120,-
ISBN 3-9803534-5-1

**Bartkowiaks Forum
Book Art compress**
3000 Tage für die Buch-
kunst DM 48,-
ISBN 3-9803534-6-X

Buch-Art.
Buchobjekte europäi-
scher Künstlerinnen.
Ausstellungskatalog.
1993. 845 S., 38 s/w
Abb. FraueMuseum
Kt DM 10,-
ISBN 3-928239-28-7

**Die Buchillustration im
18. Jahrhundert.**
1980. 357 S., zahlr. Abb.
Winter Kt DM 48,-
ISBN 3-8253-2836-8

**Buchillustration im
19. Jahrhundert.**
1988. 246 S., 86 Abb.
Harrassowitz Br 98,-
ISBN3-447-02885-8

**Buchumschläge des
Jugendstils.**
2. Aufl. 1989. 229 S.,
98 Abb., dav. 66 farb.
Harenberg Kt DM 24,-
ISBN 3-88379-272-1

**Das A und O des
Bauhauses**
Bauhauswerbung,
Schriftbilder, Drucksa-
chen. 1996. ill., Edition
Leipzig DM 118,-
ISBN 3-361-00440-3

De Beauclair, G.
Buchgestalter, Lyriker,
Verleger. 1996. 174 S.
ill. Rheinlandia DM
138,- Ln DM 158,-
ISBN 3-931509-09-5
**Zum 90. Geburtstag
des bedeutenden Buch-
künstlers, Typographen
feinsinnigen Lyrikers
und schließlich Verle-
gers hat der Rheinlan-
dia-Verlag einen Bild-
band vorgelegt, der
dem poetischen und ge-
stalterischen Werk des
Künstlers gerecht wird.
De Beauclair-Schüler
Heinz Richter hat den
Band gestaltet, in Zu-
sammenarbeit mit frü-
heren Partnern de Be-
auclairs entstand eines
der 50 schönsten Bü-
cher des Jahres 1996.**

Deinert, Katja
Künstlerbücher.
Historische, systemati-
sche und didaktische
Aspekte. 1996. 308 S.,
39 Abb. Kovac, J Gb
DM 110,-
ISBN 3-86064-333-9

**Deutsche Bücherplaka-
te des 17. Jahrhun-
derts.**
1971. 40 S. 12 Plakate
Pressler, iMp DM 160,-
ISBN 3-87646-022-0

Eberlein, Johann K.
Miniatur und Arbeit.
Das Medium Buchmale-
rei. 1995. 460 S. Suhr-
kamp Gb DM 68,-
ISBN 3-518-58201-1

Eberlein, Klaus
**Buchillustrationen -
Pressendrucke.**
1995. 30 S., zahlr. Abb.
Universitätsbibl. Kt DM
3,- ISBN 3-929619-08-3

Edelmann, Heinz
**Die 51 schönsten Buch-
umschläge. 1982.**
113 S. Klett-Cotta Ebr
DM 38,-
ISBN 3-608-95030-3

Edelmann, Heinz
**Das Buch der Bücher/
The Book of Books**
288 S. ca 260 farb. Abb.
Klett, DM 38,-
ISBN 3-608-91892-2

**Einundzwanzig Bü-
chergeschichten und
eine halbe**
20 Jahre Raamin-Presse.
Ein Almanach
200 S. farb. u. s/w-Abb.
Br Arche DM 75,-
ISBN 3-7160-2900-9

HANDBUCH
DER
EDITIONEN

Das jährlich erscheinende Nachschlagewerk
zeitgenössischer multiplizierter Kunst

Band 1 - 3, je DM 44,--
Bd. 1 1989-94 lSBN 3-928330-07-X
Bd. 2 1994-95 lSBN 3-928330-08-X
Bd. 3 1995-96 lSBN 3-928330-11-X

Band 4, 1996 - 1997 und Nachträge, DM 58,--
inkl. **CD-ROM** Band 1 - 4, lSBN 3-928330-17-9

Jeder Band und die CD-ROM umfassen:

- Register der eingetragenen Editionen mit je einer Farbabbildung und
allen relevanten Angaben zu Titel, Technik, Material, Auflage etc.,
alphabetisch nach Künstlernamen sortiert

- Register der eintragenden europäischen Editeure mit Anschriften

- Register der Künstler mit Kurzbiographien sowie der Drucker

- Glossar mit den wichtigsten Fachbegriffen in deutsch, englisch,
französisch, italienisch und spanisch

- Branchenverzeichnis, alphabetisch nach Sparten sortiert

- separate Preisliste der abgebildeten Editionen, ab Band 2

Die 4 Bände im Format von je 29,7 x 14 cm mit Fadenbindung
und festem Einband umfassen ca. 2900 farbige Abbildungen
von ca. 900 Künstlern und etwa 350 Editeuren

Das Handbuch der Editionen erscheint in Zusammenarbeit mit dem
Bundesverband Deutscher Kunstverleger e.V.
und mit freundlicher Unterstützung durch das
FORUM KULTUR - Kreissparkasse Hannover
und der Firma RÖMERTURM, Frechen

Galerie Depelmann Edition · Verlag GmbH
Walsroder Straße 305, D - 30855 Langenhagen
Tel. 0049-(0)511-73 36 93, Fax 0049-(0)511-72 36 29

Englische Buchillustration im Europäischen Kontext. English Book Illustration in the European Context. Hrsg. 1990. 143 S., zahlr. Abb. TU Berlin Br DM 5,- ISBN 3-7983-1327-X

Europäische Moderne. Buch und Graphik aus Berliner Kunstverlagen 1890-1933. 1989. 288 S., 300 Abb.,16 farb., Reimer, D. Gb DM 78,- ISBN 3-496-01057-6

Eyssen, Jürgen **Buchkunst in Deutschland.** Vom Jugendstil zum Malerbuch. 1980. 252 S., 115 Abb. Bibliophile Ausg. Schlütersche V.-A. Ln DM 98 ISBN 3-87706-173-7

Die graphischen Bücher: Erstlingswerke deutscher Autoren des 20. Jahrhunderts Eine unter Buchliebhabern geschätzte Reihe von Faber & Faber. Die ersten Bände sind bereits vergriffen, für 1997 in Vorbereitung: Genin, Albrecht **Malerei im Buch.** 75 farb. u. 20 schw.-w. Abb. v. Verf. 1993. 36 S., 75 farb. u. 20 schw.-w.Abb. - Dietrich, Horst Pb DM 35,- ISBN 3-926166-15-0

Handbuch der Editionen Band 4, 1996-97 Galerie Depelmann Edition DM 58,- inkl. CD-Rom ISBN 3-928330-17-9

Die Handschrift des Künstlers Maler und Grafiker mit Schrift und Bild. 1997. ill. E.A. Seemann DM 78,- ISBN3-363-00668-3

Haskell, Francis **Die schwere Geburt des Kunstbuchs.** 1993. 80 S., Abb. Wagenbach, Ebr DM 25,- ISBN 3-8031-5142-2

Hupka, Werner **Wort und Bild.** Die Illustrationen in Wörterbüchern und Enzyklopädien. 1989. IX,516 S., 221 Abb. Niemeyer Kt DM 238,- ISBN 3-484-30922-9

Ihme, Rolf **Bild - Illustration - Bilderdruck.** Ein Bild wiegt 1000 Worte auf. 1985. 228 S., 126 Abb. Beruf + Schule Pp DM 29,- ISBN 3-88013-330-1

Koppe, Konrad **Kostbare illustrierte Bücher des sechzehnten Jahrhunderts in der Stadtbibliothek Trier.** 1995. 244 S., 8 farb. u. 137 schw.-w. Abb. Reichert Br DM 78,- ISBN 3-88226-829-8

Künstlerbücher im Eigenverlag aus der DDR. 1980-1989. 1991. 32 S. Stadt Erfurt Angermuseum Br DM 16,- ISBN 3-930013-04-5

Künstlerbücher, Buchobjekte. 1986, 1408 S., zahlr. Ill. BIS-Vlg Kt DM 166,- ISBN 3-8142-0152-3

Lang, Lothar **Expressionismus und Buchkunst in Deutschland 1907-1927.** 2. Aufl. 1993. 240 S., 217 s/w, 16 farb. Abb. Edition Leipzig Gb DM 118,- ISBN 3-361-00360-1

Lang, Lothar **Konstruktivismus und Buchkunst.** 1990. 209 S., 159 s/w u. 112 farb. Abb. Edition Leipzig Ln DM 124,- ISBN 3-361-00304-0

Lang, Lothar **Surrealismus und Buchkunst.** 1992. 215 S., 200 Abb., davon 30 farb. Edition Leipzig Ln DM 148,- ISBN 3-361-00394-6

Langer, Alfred **Jugendstil und Buchkunst.** 1994. 284 S., 61 farb. u. 130 s/w- Abb. Edition Leipzig Ln DM 148,- ISBN 3-361-00427-6

Meyer, Bernhard **Kunst-Bücher.** Ausstellung der Universitätsbibliothek Marburg 1988. 1988. 39 Bl., Abb. Philipps-Uni Marbg DM 6,- ISBN 3-8185-0017-7

Eine Milchstrasse von Einfällen Juergen Seuss und die Buchkunst der zweiten Jahrhunderthälfte Hrsg. Michael Faber 1995, 160 S. 90 z.T. farb. Abb. Faber & Faber DM 78,- ISBN 3-928660-33-0

Nissen, Claus
Die botanische Buchillustration.
Geschichte und Bibliographie. 3 Bde in 1 Bd.
Neudr. mit Suppl.
2.Aufl. 1966. 694 S.
Hiersemann Ln DM 590,-
ISBN 3-7772-6614-0

Nissen, Claus
Die botanische Buchillustration.
Suppl. zur 1. Aufl.1966.
VIII,98 S. Hiersemann
Ln DM 170,-
ISBN 3-7772-6613-2

Nissen, Claus
Die Zoologische Buchillustration.
Ihre Bibliographie und Geschichte. 2 Bde. Hiersemann
ISBN 3-7772-6615-9

Nordenfalk, Carl
Die Buchmalerei.
1988. 140 S. farb.Abb.
Wasmuth Br DM 39,-
ISBN 3-8030-3107-9

Pressler, Christine
Schöne alte Kinderbücher. Eine illustrierte Geschichte des deutschen Kinderbuches aus fünf Jahrhunderten.
1980. 212 S., 254 Abb., davon 73 farb. Bruckmann, F Ln DM 98,-
ISBN 3-7654-1817-X

Quarg, G. /Schmitz, W.
Deutsche Buchkunst im 20. Jahrhundert.
Katalog zur Ausstellung anlässlich des 75jährigen Bestehens. 1995. 215 S.,
Uni- u. Stadtbibliothek
Köln Ln DM 40,-
ISBN 3-931596-05-2

Papiergesänge
Buchkunst im zwanzigsten Jahrhundert
1992. 312 S. ill. Prestel
DM 98,-
ISBN 3-7913-1218-9
165 Malerbücher, Künstlerbücher, Pressendrucke aus den sammlungen der Bayerischen Staatsbibliothek illustrieren die Entwicklung der Buchkunst im 20. Jahrhundert. Ein reichhaltig ausgestattes Werk mit teilweise doppelseitigen Farbtafeln. Karin von Maur gibt einen sehr lesenswerten Überblick über die »Tendenzen der Buchkunst«.

Röttinger, Heinrich
Der Frankfurter Buchholzschnitt.
Neudr. 1980. Koerner,
DM 48,-
ISBN 3-87320-293-X

Rümann, Arthur
Die illustrierten deutschen Bücher des 18.Jahrhunderts.
Nachdr. d. Ausg. 1927.
1988.232 S. Hauswedell
Kt DM 120,-
ISBN 3-7762-0295-5

Sperling, Jörg
Künstlerbücher - Zwischen den Seiten. Künstlerbücher und Buchobjekte. 1992. 100 S., 60 Abb. Brandenburg. Kunstsamml. Ebr
DM 20,-
ISBN 3-928696-33-5

Die vollkommene Lesemaschine.
Von deutscher Buchgestaltung im 20. Jahrhundert. Hrsg. Die Deutsche

Bibliothek / Stiftung
Buchkunst. 232 S., farb.
Illustr, Ln. Buchhändler-Vereinigung DM 40,--
ISBN 3-7657-2023-2

Unikat und Edition.
Künstlerbücher in der Schweiz. 1989. 36 S.
Helmhaus Br SFr 10,-
ISBN 3-906396-03-7

Verweyen, Annemarie
Die Illustrationen zu den Kinder- und Hausmärchen in deutschsprachigen Ausgaben der Jahre 1945-1984.
1985. 54 S., 46
Abb.Elwert Kt DM 12,-
ISBN 3-7708-0812-6

Willberg, Hans Peter
40 Jahre Buchkunst.
1990. 270 S., 400 sw
Abb. Schmidt, H, DM
19,- ISBN3-87439-409-3

Zwischen Buch-Kunst und Buch-Design
Buchgestalter der Akademie u. ehem. Kunstgewerbeschule Stuttgart
1996. 200 S. 96 Abb.
Cantz DM 88,-
ISBN 3-89322-893-4

> Ein schönes Buch dient mit all seinen Komponenten... dem Verständnis des Textes, es schafft eine inhaltsbezogene Atmosphäre. Es hilft den Gedanken des Autors bei ihrem Flug in den Kopf des Lesers.
>
> Rainer Groothuis

Gestaltung
Herstellung
Bucheinband

**Aus: Franz Kurt
Lesen macht stark
dtv junior**

**Beispiele der Einband-
kunst.** Aus einer Stutt-
garter Sammlung. 1992.
236 S., 190 Abb. Buch-
binder-Colleg Br DM 48,-
ISBN3-929644-01-0

Benzing, Josef
**Die Buchdrucker des 16.
und 17. Jahrhunderts im
deutschen Sprachgebiet.**
2. Aufl. 1982. XX,565 S.,
1 Frontispiz. Harrassowitz
Br DM 218,-
ISBN 3-447-02175-6

Blana, Hubert
Die Herstellung.
Ein Handbuch für die Ge-
staltung, Technik und
Kalkulation von Buch,
Zeitschrift und Zeitung. 3.
überarb. Aufl. 1993. 472
S., 310 Abb. Saur Gb DM
64,- ISBN 3-598-20062-5

Blana/Kusterer/Fliegel
Partner im Satz.
Ein Handbuch für Auto-
ren, Hersteller, Produk-
tioner, Setzer. 1988.
XI,275 S. Saur, Lin DM
68,- ISBN 3-598-10633-5

Bogeng, Gustav A.
Der Bucheinband.
Ein Handbuch für Buch-
binder u.Bücherfreunde
2. Nachdr. d. Ausg.
Halle 1951 1991. VIII,
198 S. Olms Ln DM 68,-
ISBN 3-487-02552-3

Bon, Ulrik
**Gestaltung und Ikono-
graphie von Titelblät-
tern in Editio-
nen des Ver-
lags Plantin-
Moretus zu Antwerpen
unter Jan I. Moretus
1589-1610.** 1994. 300 S.
Lit Münster Gb DM 78,80
ISBN 3-89473-826-X

Brade, L./Winckler, E.
**Das illustrierte
Buchbinderbuch.**
1990. 278 S.,71 Abb. Be-
ruf + Schule Ln DM 59,-
ISBN 3-88013-427-8

Buchbinder.
Hrsg.: Dt. Handwerks-
kammertag u. Bund Dt.
Buchbinderinnun-
gen.Unveränd. Nachdr.
1987. 30 S., Faltpl. Ver-
lagsanstalt Handwerk Br
DM 12,80
ISBN 3-87864-068-4

**Buchgestaltung in
Deutschland 1740 bis
1890.** Vorträge 1978.
1980. 192 S., 190 Abb.
Hauswedell Br DM 80,-
ISBN 3-7762-0202-5

**Buchgestaltung in
Deutschland 1900-1945.**
Ausstellung der Univer-
sitätsbibliothek Bielefeld.
1987. 180 S., über 300
Abb. Granier Kt DM 30,-
ISBN 3-9801672-0-8

Dratva, Karl
**Fachkunde für Buch-
binder.** 248 S. Österr.
Gewerbevlg DM 24,80
ISBN3-85207-402-9

Esters, Lothar
**Fachwörter Lexikon für
Buchbinder.** 1979. 138 S.
Keppler DM 42,-
ISBN 3-87398-074-6

Faulmann, Karl
**Die Erfindung der
Buchdruckerkunst.**
Reprint d. Ausg. 1890,
1997. 160 S. Danowski
Br DM 3000,-
ISBN 83-7176-471-5

Flick, Johann F.
**Handbuch der
Buchdruckerkunst.**
Nachdr. d. Ausg. Berlin
1820, 1986. 336 S., Beruf
+ Schule Ln DM 68,-
ISBN 3-88013-509-6

Goos, K. P. /Matthey, C.
**Von Blättern zu Bü-
chern.**
Buchbinden kann jeder.
1992. 60 S. Verlag an d.
Ruhr Pp DM 26,-
ISBN 3-86072-026-0

Haebler, Konrad
**Die Erfindung der
Druckkunst und ihre er-
ste Ausbreitung in den
Ländern Europas.**
1930. 14 Gutenberg-Ges.
Kt DM 9,-
ISBN 3-7755-2014-7

Heinze, I. /Liebau, D.
Klebebinden.
1994. 144 S., 120 Abb.
Beruf + Schule Pp DM
36,- ISBN 3-88013-499-5

Helwig, Hellmuth
**Das deutsche Buch-
binderhandwerk.**
Handwerks- und
Kulturgeschichte. 2 Bde.
1962-1965. Zus. 823 S.,
41 Taf. mit 57 Abb. Hier-
semann Ln zus DM 396,-
ISBN 3-7772-6108-4

Hochuli, Jost
**Buchgestaltung als
Denkschule.**
Über die Symmetrie im
Buch, über Funktion und
Funktionalismus in der
Buchtypografie und gegen
die Ideologisierung ge-
stalterischer Strukturen.
1992. 32 S., 21 Abb. Stgt.
Ed. Typografie Gh DM
20,- ISBN 3-929112-00-0

Hugo, Victor
**Lob der Buchdrucker-
kunst.**
Essay. Franz.-Dt.. 1978.
96 S. Arche Gb DM 16,80
ISBN 3-7160-1623-3

Jentzsch, Bernd
**Von der visuellen
Wohlhabenheit.**
Der Autor und seine
buchästhetischen Vor-
stellungen.
1991. 43 S., 7 Abb. Beck,
Br DM 18,-
ISBN 3-406-35885-3
**Verdienstvollerweise hat
der Beck-Verlag diesen
Vortrag (in der Hoch-
schule für Grafik und
Buchkunst Leipzig 1991)
verlegt. Ausstattung:
Jürgen Seuss.**

Kaiser, Wolfgang J.
Das schöne Buch /The
Book Beautiful II. 1991.
232 S., 166 Abb. Kaiser,
Wolfgang Kt DM 48,-
ISBN 3-926338-02-4

LaPlantz, Shereen
Buchbinden.
Traditionelle Techniken –
Experimentelle Gestal-
tung. 1996. 144 S., 120
farb. u. 360 schw.-w.
Abb. Haupt Gb DM 55,-
ISBN 3-258-05381-2

Laufer, Bernhard
**Vom Federkiel zum
Satzcomputer.**
Die Geschichte der
Textreproduktion.
1988. 87 S., 69 Abb. Be-
ruf + Schule Kt DM 12,-
ISBN 3-88013-396-4

**Lehrbuch der industri-
ellen Buchbinderei.**
2. Aufl. 1990. 459 S., 282
Abb. Beruf + Schule Pp
DM 37,-
ISBN 3-88013-435-9

Mechthild Lobisch
**Von Taschenbuch bis
Raumbuch.** 1996. 61 S.
farb. Abb. Bay. Kunst-
gewerbever. DM 48,-
ISBN 3-929727-17-X

Masok, N.N.
Buchbinden als Hobby.
2. Aufl. 1997. ca.160 S.,
ca. 162 Abb. Beruf +
Schule Pp DM 32,-
ISBN 3-88013-397-2

Oschilewski, Walter
**Der Buchdrucker -
Brauch und Gewohnheit
in alter und neuer Zeit.**
1988. 80 S., 18 Abb. Be-
ruf + Schule Pp DM 16,-
ISBN 3-88013-389-1

Papier und Faden.
Über das Buchbinden, das Buchbinder-Colleg und Gotthilf Kurz.
1993. 252 S., 96 Abb.
Buchbinder-Colleg Br
DM 48,-
ISBN 3-929644-03-7

Petersen, Heinz
Bucheinbände.
2. erw. Aufl. 1991. 318 S., 16 farb. Taf., 190 s/w Abb. Akad. Druck-u.V.A. Ln DM 185,-
ISBN 3-201-01539-3

Pfäfflin, Friedrich
100 Jahre S. Fischer Verlag 1886-1986 Buchumschläge.
Über Bücher und ihre äussere Gestalt. 1986. 207 S. Fischer, S Ln DM 98,-
ISBN 3-10-061202-7

Pfenninger, Kaspar
Kleine Bücher selber machen.
Ein Handbuch. 1985. 84 S., Abb., Pro Juventute Gb DM 16,-
ISBN 3-7152-0101-0

Poeschel, Carl E.
Zeitgemässe Buchdruckkunst.
Nachdr. d. Ausg. 1904 1989. 79,XXI S. Schäffer-Poeschel Gb DM 19,80
ISBN 3-7910-0472-7

Presser, Helmut
Buch und Druck.
1974. 164 S. Scherpe Bibliophile Ausg. Ebr DM 16,- ISBN 3-7948-0154-7

Roloff, Andreas
Der Verlagseinband unter dem Jugendstil.
1994. 415 S., zahlr. Abb. Lang, Br DM 108,-

Die schönsten Bücher der Bundesrepublik Deutschland 1996
Vorbildlich gestaltet in Satz, Druck, Bild, Einband. Prämiert von einer unabhängigen Jury. Von: Stiftung Buchkunst, Buchhändler-Vereinigung DM 10,-
ISBN 3-7657-2022-4

Die schönsten Bücher der Deutschen Demokratischen Republik 1989.
Hrsg.: Börsenverein d. Deutschen Buchhändler zu Leipzig. Buchhändler-Vereinigung DM 10,-
ISBN 3-7657-1629-4

Schwarze Kunst auf grünen Pfaden.
Buchherstellung nach ökologischen Grundsätzen. 1996. 144 S. Steidl Göttingen Br DM 24,-
ISBN 3-88243-383-3

Scriptura
Meisterwerke der Schriftkunst und Typographie. Hrsg. Hans Adolf Halbey, 1990, 240 S. 108 Abb. Harenberg, DM 34,80
ISBN 3-883-79-599-2

Rolf Steffen
39 Bucheinbände.
1994. 108 S., 39 Abb. Buchbinder-Colleg DM 68,-
ISBN 3-929644-04-5

Manchmal lieben wir Bücher nur ihrer Schönheit wegen. Das ist zwar pervers, aber reizvoll.

Manfred Sack

Trost, Vera
Skriptorium.
Die Buchherstellung im Mittelalter.
1991. 48 S., 65 farb. Abb. Belser Pb DM 18,-
ISBN 3-7630-1212-5

Tschichold, Jan
Erfreuliche Drucksachen durch gute Typographie
128 S, gebd. Maro DM 32,- ISBN 3-87512-403-0

Twitchett, Denis
Druckkunst und Verlagswesen im mitterlalterlichen China.
1994. 103 S., 58 Abb. Harrassowitz Gb DM 68,-
ISBN 3-447-03665-6

Wächter, Wolfgang
Buchrestaurierung.
Das Grundwissen des Buch- und Papierrestaurators. 3. Aufl. 1987. 242 S., 145 Abb. Beruf + Schule Ln DM 58,-
ISBN 3-88013-489-8

Wiese, Fritz
Der Bucheinband.
6. Aufl. 1983. 408 S., 245 Zeichn. Schlütersche, Kt DM 58,-
ISBN 3-87706-302-0

Zahn, Gerhard
Grundwissen für Buchbinder.
2. Aufl.1992. 324 S., 219 Abb. Beruf + Schule Pp DM 28,-
ISBN 3-88013-386-7

Zeier, Franz
Schachtel-Mappe-Bucheinband
3. Aufl. 1996, 304 S. 674 Abb. Haupt, DM 82,-
ISBN 3-258-05147-X

Desk Top-, Electronic Publishing

SEIT WOCHEN SITZT DU JETZT SCHON VOR DIESEM BLÖDEN COMPUTER! WIR SIND AUCH NOCH DA!!

KENNWORT?!

Aus: Menschen Medien Mutationen, Lappan Vlg

Baumgardt, Michael
Kreativbuch DTP
Tips und Tricks für erfolgreiches Desktop Publishing
1996, Springer
ISBN 3-540-60515-0

Blatner, David
DTP Survival Kit
Die Überlebens-Fibel für Desktop Publisher
1993, Midas DM 72,-
ISBN 3-907020-52-9

Cavanaugh, Sean
Insiderbuch TypeDesign
1997. 300 S., CD-Rom, Midas DM 98,-
ISBN 3-907020-34-0

Cunningham, Rosebush
Electronic Publishing on CD-ROM
1996, O'Reilly DM 74,-
ISBN 1-56592-209-3

Dayton/ Davis
Insiderbuch Photoshop
288 S., CD-Rom, Midas, DM 98,-
ISBN 3-907020-31-6

Dyson, Esther
Release 2.0
Die Internet-Gesellschaft
320 S., DM 44,90
ISBN 3-426-27000-5

Elektronisches Publizieren. Autorensysteme, CBT-Tools u. Präsentationsprogramme.
1996. CD-ROM-Ausg.
Franzis DM 39,95
ISBN 3-7723-9664-X

Fröbisch/Lindner/Steffen
Multimedia-Design
Das Handbuch zur Gestaltung inaktiver Medien. 240 S., 800 Abb.,Gb, Laterna magica, DM 148,-
ISBN 3-87467-693-5

Frühschütz, Jürgen
Dynamik des Elektronischen Publizierens
Daten-Märkte-Strategien
270 S., über 100 Grafiken u. Tabellen, geb., Deutscher Fachverlag
DM 128,-
ISBN 3-87150-557-9

Falkenroth, Chr.
Quark XPress für Windows
1993, Franzis DM 78,-
ISBN 3-7723-4901-3

Feldman, Tony
Multimedia - Eine Einführung.
1995. 134 S. Hardt & Wörner Br DM 48,-
ISBN 3-930120-08-9

Gulbins, Jürgen
Desktop Publishing mit Frame Maker
Zeichnungen von Amon/Gulbins
1994, Springer DM 98,--
ISBN 3-540-5445-0

Gulbins/Kahrmann
Mut zur Typographie
Ein Kurs für DTP und Textverarbeitung
1993, Springer DM 58,-
ISBN 3-540-55708-3

Gulbins/Obermayr
Desktop Publishing mit Frame Maker
1994, Springer DM 98,--
ISBN 3-540-56643

Huck, Hans
Marketing für Neue Medien
1997. 140 S. Abb. Br. 118,- DM Hardt & Wörner
ISBN 3-930120-01-1

47

Götze, Timo
Lernen Sie in nur 16 Stunden eigene Webseiten erstellen
1997, Ziff DM 39,--,
ISBN 3-89362-497-X

Grabig, J.
Homepage Designer Shareware
1997, Sybex DM 19,95
ISBN 3-8155-7755-1

Hügli. Samuel
Insiderbuch QuarkXPress
4. Aufl. 1997, 310 S.,
CD-Rom, Midas DM
89,-
ISBN 3-907020-30-8

Koch-Steinheimer, P.
HTML - Veröffentlichen im Internet
1997, Int. Thomson DM
39,80
ISBN 3-8266-0328-1

Koch-Steinheimer
JAVA – Das Programmieren von Agenten und Kaffeemaschinen
1997, Deutsch, H DM
68,--
ISBN 3-8171-1500-8

Leu, Matthias
Präsent im Internet
320 S. inkl. CD, 1997,
Computer & Literatur,
DM 59,-
ISBN 3-932311-04-3

Merz, Thomas
Mit Acrobat ins World Wide Web
Effiziente Erstellung v.
PDF-Dateien u. ihre Einbindung ins Web
1997, 208 S., gebd., CD,
Merz, DM 69,-
ISBN 3-9804943-1-4

Merz, Th.
PostScript and Acrobat /PDF
Applications, Troubleshooting, Cross-Platform-Publishing
1997, Springer DM 89,--
ISBN 3-540-60854-0

Murray/Pappas
Internet. profi. praxis Visual J++
1997, Sybex DM 59,--
ISBN 3-8155-2016-9

Neumann, S.
Inhouse Publishing
Ratgeber für die professionelle Produktion von
Drucksachen 1996,
Stamm Verlag DM 14,80
ISBN 3-87773-007-8

Negroponte, N.
Total digital
Die Welt zwischen
0 und 1 oder Zukunft der
Kommunikation
1997, Goldmann
DM 14,90
ISBN 3-442-12721-1

Nyman, M.
4 Farben – ein Bild
Grundwissen für Farbbildbearbeitung m. Photoshop u. QuarkXPress
2. Aufl. 1997, Springer
DM 49,--
ISBN 3-540-61085-5

Parker, Roger
Looking Good In Print
Grundlagen der Gestaltung für Desktop Publishing. Neuaufl. 1997 in
Vorber., Midas DM 69,--
ISBN 3-907020-50-2

Rieger, Wolfgang:
HTML-Vademecum.
Ein Begleiter für
Autoren im WWW.

1996. Etwa 150 S.
Springer
ISBN 3-540-60543-6

Russey/Bliefert/Villain
Text and Graphics in Electronic Age
Desktop Publishing for
Scientists 1994, DM 84,-
ISBN 3-527-28519-9

Seymor/Wendling
Adobe Design Essentials
1996, Midas DM 89,-
ISBN 3-907020-45-6

Steglich, Ellen
Buchherstellung und DTP. Ein Wegweiser für
Buchhersteller, die den
Mac ernstnehmen. 1995.
250 S. Wolfram, M Gb
DM 59,-
ISBN 3-86033-210-4

Stolpmann, Markus
Internet und Worldwide Web für Studenten
1996, O'Reilly/Intern.
Thomson DM 25,-
ISBN 3-930673-69-X

Vacca, J.R.
Internet. profi. praxis JavaScript
1997, Sybex DM 59,-
ISBN 3-8155-2020-7

Weißbecker/Taeumel
Die eigene Homepage
Kannich 1997, Data
Becker DM 29,80
ISBN 3-8158-1311-5

Wittmann/Lindner/
Steffen
Wer hat Angst vor DTP?
Wolfram, M., DM 19,80,
ISBN 3-86033-141-8

Buchhandel
Bibliothek

*In der Buchhandlung
von Julius Campe in Hamburg*

**Aus: Kleine Geschichten für Bücherfreunde,
Engelhorn**

Benecke, Hans:
**Eine Buchhandlung in
Berlin.**
Erinnerungen an eine
schwere Zeit.
1995. 288 S. Fischer Tb.
Kt DM 16,90
ISBN 3-596-12735-1

**Bibliothek - Buch –
Geschichte.**
Kurt Köster zum 65. Geburtstag.1977. 616 S., 25
Taf., 1 Frontispiz. Klostermann Ln DM 148,-
ISBN 3-465-01283-6

Bergk, Johann A.
Der Buchhändler.
Oder Anweisung, wie
man durch den Buchhandel zu Ansehen und
Vermögen kommen
kann. Faks. d. Ausg.
Leipzig, 1825.
1983. IV,78 S. Winter
Kt DM 16,-
ISBN 3-8253-3443-0

Blaesing, August
**Aus dem vielbewegten
Leben eines literarischen Handwerksburschen.**
Humoristische
Schilderungen
aus einem 25-
jährigen Buchhandlungsgehülfenleben.
Mit Notizen
zur Geschichte
des Erlanger
Buchhandels
und Anmerkungen. 2 Tle.
Faks. d. Ausg.
1866/1867
1987. c.400 S.
Palm & Enke Kt DM 58,
ISBN 3-7896- 0076-8

Bork, Ernst W.
PR im Buchhandel.
Öffentlichkeitsarbeit im
Sortiment und Verlag.1979. 117 S. Krick
Kt DM 30,-
ISBN 3-89694-059-7

Bormann, Edwin
Der Humor im Buchhandel. Ein Vademecum
für lustige und traurige
Buchhändler Jahresgabe
1987/88. Faks. d. Ausg.
Augsburg 1887 1987.
XII,248,XIII S., 3 Abb.
Winter Kt DM 32,-
ISBN 3-8253-3945-9

Brinkschmidt, Uta
**Marketing fürs
Sortiment**
1997. ca 280 S. Abb. Br
Hardt & Wörner DM
128,-
ISBN 3-930120-03-8

**Buch und Buchhandel
in Zahlen.**
1997. 128 S., Kt. Buch

händler-Verein. DM 34,-
ISBN 3-7657-2025-9

Bücher und Bibliotheken in Ghettos und Lagern 1933-1945.
1991. 137 S., zahlr. Abb.
Laurentius Kt DM 20,-
ISBN 3-931614-03-4

**Der Buchhandel im
Europäischen Binnenmarkt.** Symposion des
Börsenvereins des Deutschen Buchhandels 1989
in Bonn. 1989. VIII, 112
S. Buchhändler-
Vereinig. Kt DM 18,-
ISBN 3-7657-1540-9

Buchhandel und Literatur. Festschrift für
Herbert G. Göpfert zum
75. Geburtstag
1982. VIII,470 S., 11
Schaubilder, 1 Abb., 1
Frontispiz. Harrassowitz
Br DM 158,-
ISBN 3-447-02268-X

Buchmarketing.
Wandel im Handel.
Hrsg. v. Kind, Hero.
1995. 144 S. Metropolitan Br DM 24,80
ISBN 3-89623-000-X

Ceynowa, Klaus
**Von der „dreigeteilten"
zur „fraktalen"
Bibliothek**
Beispiel Stadtbibliothek
Paderborn 100 S. Br.
Königshausen & Neumann DM 28,--
ISBN 3-88479-948-7

**Der deutsche Buchhandel in Urkunden und
Quellen.**
2 Bde. 1965. Hauswedell
Ln zus DM 240,-
ISBN 3-7762-0360-9

Gruschka, Bernd R.
**Der gelenkte
Buchmarkt.** 1995. 186
S., 27 Abb. Buchhändler-
Verein. Gb DM 145,-
ISBN 3-7657-1880-7

Haucke,M./Bienert, R.M.
**Erfolgreich verkaufen
als BuchhändlerIn.**
3. Aufl. 1996. ca. 120 S.
mod. ind. Gb DM 24,-
ISBN 3-478-23383-6

Heinold, Wolfgang E.
**Bücher und Buch-
händler.**
3. Aufl. 1992. 355 S.
Hüthig Kt DM 29,80
ISBN3-8226-4491-9

Hinze, Franz
**Gründung und
Führung einer Buch-
handlung.**
7. Aufl. 1996. Börsen-
verein d. Dt. Buchhan-
dels Gb ca DM 118,-
ISBN 3-87318-668-3

Jochum, Uwe
**Bibliotheken und Bi-
bliothekare 1800-1900**
82 S. Br. Königshausen
& Neumann DM 19,80

Jochum, Uwe
**Die Idole der Biblio-
thekare**
162 S., Br. Königshausen
& Neumann DM 28,--
ISBN 3-8260-1046-9

Kehr, Ludwig Ch.
**Rabatt habe ich nie ge-
geben.** Aus der Selbst-
biographie von Ludwig
Christian Kehr, Buch-
händler in Kreuznach
Anno 1834. 1980. 72 S.
Windecker Winkelpr. Ln
DM 10,-
ISBN 3-922249-07-8

**Öffentliche Bibliothek
und Schule – neue
Formen der Partner-
schaft** Zwischenbericht
zum Modellprojekt Ber-
telsmann Stiftung 1997.
272 S. Br. kostenl.
ISBN 3-89204-268-3

Perthes, Friedrich
**Der deutsche
Buchhandel.** 88
S.Reclam Kt DM 5,-
ISBN 3-15-009000-8

Prinz, August
**Der Buchhandel vom
Jahre 1815 bis zum
Jahre 1843.**
Bausteine zu einer späte-
ren Geschichte des
Buchhandels. Nachdr. d.
Ausg. Altona 1855 1981.
VI,80,XII Winter Kt DM
20,- ISBN3-8253-3044-3

Reiter, Hanspeter
**Telemarketing für
Buchhandlungen und
Verlage.**
1996. ca. 140 S. Hardt &
Wörner Br DM 128,-
ISBN 3-930120-12-7

Schmidt, Rudolf
**Deutsche Buchhändler,
deutsche Buchdrucker.**
6 Bde in 1 Bd. Nachdr.
d. Ausg. Berlin u.
Eberswalde 1902-1908.
1979. 1155 S. Olms, Ln
DM 238,-
ISBN 3-487-06943-1

Schulze, Friedrich
**Der deutsche Buchhan-
del u. die geistigen
Strömungen der letzten
hundert Jahre.** Nachdr.
d. Ausg. Leipzig 1925
1990. 296 S., 3 farb.Ktn.
Olms Ln DM 68,-
ISBN 3-487-09139-9

Stocker, Günther:
**Schrift, Wissen und
Gedächtnis** - Das Motiv
der Bibliothek als Spie-
gel des Medienwandels
im 20. Jahrhundert
318 S. Br. Königshausen
& Neumann DM 58,--
ISBN 3-8260-1309-3

Stöckl, A Thomas
**Frankfurter Buchmesse
und Ihre Gründer.**
Mit einem Expose: "Gu-
tenberg hat überhaupt
nichts gedruckt". 1985.
15 S., 2 Abb.Jung Vlg Kt
ISBN 3-921231-11-6

Uhlig, F./Peitz, W.
**Der Sortiments-
Buchhändler.**
Ein Lehrbuch für junge
Buchhändler. 19. Aufl.
1992. XIV,354 S., 50
Abb., 9 Tab. Hauswe-
dell, Ln DM 48,- ISBN
3-7762-0326-9

Wendt, Bernhard
**Der Antiquariats-
Buchhandel.**
Eine Fachkunde für jun-
ge Antiquare.
3. Aufl. 1974. 216 S.
Hauswedell, Ln DM 48,-
ISBN 3-7762-0123-1

Wittmann, R.
**Geschichte des deut-
schen Buchhandels**
1991. 438 S. 25 Abb. Ln.
Beck DM 48,--
ISBN 3-406-354254

Zbinden, Jürg
**Sternstunden oder ver-
passte Chancen.**
Zur Geschichte des
Schweizer Buchhandels
1943-1952. 1995. ca. 312
S., 20 schw.-w. Abb.
Chronos Br DM 56,-
ISBN 3-905311-61-5

Lesen

Aus: Franz Nies *Bahn und Bett und Blütenduft* Wiss. Buchgesellschaft

Berginz-Plank, Gabriele
Literaturrezeption in einer Kleinstadt: Leseverhalten und Mediennutzung.
1981. 420 S.
Akademischer Vlg Stgt
Br DM 58,-
ISBN3-88099-088-3

Bernstein, F.W.
Lesen gefährdet Ihre Dummheit
Gezeichnetes Autorenalphabet und Leserstimmen. Vorw. H. Traxler
188 S. geb. Haffmans
DM 10,--
ISBN 3-251-00342-9
Eine unterhaltsame Autorengalerie.

Borges, J.L./Ferrari, O.
Lesen ist Denken mit fremdem Gehirn
Gespräche über Bücher
& Borges

307 S. geb. Arche DM
39,- ISBN3-7160-2102-4

Buch und Bildschirm - eine Herausforderung. 1986. 78 S.
Schriftenr. d. Dt. Akad.
f. Kinder- u. Jugendlit.
Königshausen u.
Neumann Br DM 18,-
ISBN 3-88479-267-9

Buch und Leser.
Vorträge des ersten Jahrestreffens des Wolfenbütteler Arbeitskreises
für Geschichte des Buchwesens 1976.
1977. 232 S. Hauswedell, E Br DM 80,-
ISBN 3-7762-0149-5

Bücher, nur Bücher!
Texte vom Lesen und Schreiben. 1991. 216 S.
Zürcher Buchh. u. Verleger Pp DM 34,-
ISBN 3-9520118-0-0

Eicher, Thomas
LeseNotStand?
Daten zum Leseverhalten
von Studienanfängern
der Germanistik. 1996.
104 S., 28 Tab. Projekt
Br DM 19,-
ISBN 3-928861-72-7

Falschlehner, Gerhard
Vom Abenteuer des Lesens
288 S., Gb. Residenz
Verlag DM 40,80
ISBN 3-7017-1061-9

Franz, Kurt
Lesen macht stark.
Alles über Bücher. Vom
Autor bis zum Leser.
Abb. v. Frantz Wittkamp
1980. 80 S. dtv junior Kt
DM 12,90
ISBN 3-423-79508-5

Fritz, A., Saxer, U.
Lesen im Medienumfeld.
Eine Studie im Auftrag
d. Bertelsmann Stiftung.
1991. 160 S. Br DM 12,-
ISBN 3-89204-046-X

Funke, Eva
Bücher statt Prügel.
Zur philanthropistischen
Kinder- und Jugendliteratur. 1988. 192 S. Aisthesis Br DM 34,-
ISBN 3-925670-16-5

Gaertner, Hans
Spass an Büchern!
Wie Kinder Leselust bekommen.
1997. 192 S., zahlr. Abb.
Don Bosco Kt DM 32,-
ISBN 3-7698-0893-2

Graf, Martina
Buch- und Lesekultur in der Residenzstadt Braunschweig.
1994. 318 S., Abb.
Buchhändler-Vereinigung Gb DM 198,-
ISBN 3-7657-1842-4

Grösser, Helmut
Lesen als Bedürfnis.
Eine absatzwirtschaftliche Untersuchung der
hinter dem Lesen stehenden Bedürfnisstrukturen.
1986. III,111 S. Harrassowitz, Br DM 54,-
ISBN 3-447-02648-0

Gross, Sabine
Lese-Zeichen.
Kognition, Medium und
Materialität im Leseprozess.
1994. XII,158 S., 18
Abb. Wiss. Buchges. Kt
DM 45,-
ISBN 3-534-12475-8

Günther, Horst
Das Bücherlesebuch.
Vom Lesen, Leihen,
Sammeln: von Büchern,
die man schon hat und
solchen, die man endlich
haben will.
1992. 168 S.,Abb. Wa-
genbach, Kt DM 16,80
ISBN 3-8031-2200-7

Haderer, G., Panzer, F.
Leselust - Lesefrust
Zeichnungen und Zitate
Eine Gebrauchsanleitung
für Bücherfreunde und
Bücherfeinde
1996. 96 S. 75 Farbill.
Buchkultur geb.
DM 19,80
ISBN 3-901052-28-3
Fans von Gerhard Ha-
derers Typen werden
ihren Spaß beim Lesen
und Schauen haben.

Handbuch Lesen.
Hrsg.: Stiftung Lesen u.
Deutsche Literaturkonfe-
renz. 1997. ca.700 S.
Saur, Ln ca DM 198,-
ISBN 3-598-11327-7

Hesse, Hermann
Magie des Buches.
Betrachtungen.
Nachaufl. 1992. 132 S.
Suhrkamp Gb DM 19,80
ISBN 3-518-01542-7

Huizing, Klaas
Homo legens.
Vom Ursprung der
Theologie im Lesen.
1996. XI,244 S. de
Gruyter Ln DM 168,-
ISBN 3-11-014969-9

Iser, Wolfgang
Der Akt des Lesens.
Theorie ästhetischer
Wirkung. 4. Aufl. 1994.
VIII,358 S., UTB Fink,

Wilhelm Kt DM 25,80
ISBN 3-8252-0636-X

Iser, Wolfgang
Der implizite Leser.
Kommunikationsformen
des englischen Romans
von Bunyan bis Beckett.
1972. 420 S. Fink, W. Ln
DM 68,-
ISBN 3-7705-0866-1
-: 3. Aufl. 1994. 420 S.,
UTB Kt DM 24,80
ISBN 3-8252-0163-5

Jahrbuch Lesen 95 -
Fakten und Trends.
Hrsg. mit Der Spiegel,
Hamburg. 1995. ca.100
S., zahlr. Abb., Stiftung
Lesen Br DM 15,-
ISBN 3-922695-08-6

Jansen/Mähler /Trapp
Lesehits für Kids
Die besten Bücher für
Kinder und Eltern.
1997 rororoTb DM 12,90
ISBN 3-499-60287-3

Javal, E.
Physiologie des Lesens
und Schreibens.
Reprint d. Ausg. 1907.
1997. 355 S. cm. Da-
nowski Br DM 3000,-
ISBN 83-7176-511-8

Krusche, Dietrich
Leseerfahrung und
Lesergespräch.
1995. 237 S. Iudicium Br
DM 36,-
ISBN 3-89129-259-7

Lang, Gisela
Grundzüge der Leser-
forschung in den USA
von ihren Anfängen bis
1972.
1992. IX,159 S., 3 Abb.
Harrassowitz, Br DM
78,- ISBN3-447-03297-9

Lang, Gisela
Leser und Lektüre zu
Beginn des 19. Jahr-
hunderts. Die Ausleih-
bücher der Universitäts-
bibliothek Erlangen 1805
bis 1818 als Beleg
für das Benutzerverhal-
ten. 1994. VII,221 S., 35
Abb. Harrassowitz, Br
DM 114,-
ISBN 3-447-03525-0

Lesegewohnheiten - Le-
sebarrieren.
Schülerbefragung im
Projekt: Öffentliche Bi-
bliothek und Schule –
neue Formen der Part-
nerschaft.
1997. 160 S. Bertels-
mann Stiftg Br DM 15,-
ISBN 3-89204-272-1

Das Lesen fördern -
Kunden gewinnen.
Marketingtips für Buch-
händler.
1996. 80 S.,zahlr. Abb.
Stiftung Lesen Gh DM
20,- ISBN3-922695-09-4

Lesesozialisation
Hrsg. Bertelsmann Stif-
tung Bd 1: Leseklima in
der Familie, 2. Aufl.
1995. 378 S. Br.
DM 24,80
ISBN 3-89204-085-0
Bd. 2: Leseerfahrungen
2. Aufl. 1995. 374 S. Br.
DM 24,80
ISBN 3-89204-085-0

Literatur - Lektüre –
Literarität.
Vom Umgang mit Lesen
und Schreiben.
1991. 648 S. ÖBV Päd.
Vlg Kt DM 52,-
ISBN 3-215-07639-X

Literaturrezeption bei Kindern und Jugendlichen.
1982. V,198 S.
Schneider Hohengehren
Kt DM 25,-
ISBN 3-87116-604-9

Mähler, B. /Kreibich, H.
Bücherwürmer und Leseratten.
Wie Kinder Spass am Lesen finden.
rororo Tb DM 12,90
ISBN3-499-19676-X
In Zusammenarbeit mit Stiftung Lesen entstand dieses Praxis-Handbuch der Leseförderung, nicht nur für Lehrer: »Schon beim Baby...« beginnt die Lesung!

Marwinski, Felicitas
Lesen und Geselligkeit.
1991. 72 S., 113 Abb.
Städtische Museen Jena
Br DM 12,-
ISBN 3-930128-01-2

Matejek, Norbert
Leseerlebnisse.
Ein Beitrag zur psychoanalytischen Rezeptionsforschung. 1993. 95 S.
VAS Br DM 25,-
ISBN 3-88864-047-4

Mehr als ein Buch
Leseförderung in der Sekundärstufe
Hrsg. Bertelsmann Stiftg
1996, 176 S. Br.DM 20,-
ISBN 3-89204-224-1

Meier-Hirschi, Ursula
Bücher machen Kinder stark.
1994. ca. 100 S. Pro Juventute Gb DM 24,80
ISBN 3-7152-0300-5

Nies, Fritz
Bahn und Bett und Blütenduft.
Eine Reise durch die Welt der Leserbilder.
1991. VIII,270 S., 50 Abb. Wiss. Buchges.
Gb DM 58,-
ISBN 3-534-02372-2
Wie wurde Lesen, welche typischen Leserinnen und Leser in welchen Situationen dargestellt? Beine hoch: Die Sinnlichkeit des Lesens, die Umgebung, Kleidung, Sessel, Bett und Liege werden in Lesebildern untersucht – Müßiggang ist allen Lesens Anfang!

Offenbarung durch Bücher? Impulse zu einer "Theologie des Lesens". 1987. 159 S. Herder Freiburg Kt DM 9,90
ISBN 3-451-20597-1

Papierne Mädchen – dichtende Mütter.
Lesen in der weiblichen Genealogie.
1994. 278 S. Helmer, Pp
DM 39,80
ISBN 3-927164-22-4

Proust, Marcel
Tage des Lesens.
Drei Essays. 1974. 138 S. Suhrkamp Pp DM 18,80
ISBN 3-518-22166-3

Radach, Ralph
Blickbewegungen beim Lesen.
Psychologische Aspekte der Determination von Fixationspositionen.
1996. 185 S.
Waxmann Br iVb
ISBN 3-89325-413-7

Richter W./Strassmayr E.
Leserforschung und Schülerlektüre.
Einführung in die Leserforschung und eine Fallstudie... 1978. 48 S.
ÖBV Kt DM 9,80
ISBN 3-215-02286-9

Saxer/Langenbucher
Kommunikationsverhalten und Medien
Lesen in der modernen Gesellschaft
Studie d. Bertelsmann Stiftg, 2.Aufl. 1994. 288 S. Br. DM 20,--
ISBN 3-89204-021-4

Schmalohr, Emil
Das Erlebnis des Lesens
Grundlage einer erzählenden Lesepsychologie
430 S. Ln. Klett DM68,-
ISBN 3-608-91858

Schmitt, W. Christian
Vor dem Ende der Lesekultur.
20 Jahre Buch- und Literaturmarkt aus nächster Nähe. 1990. 240 S. Morstadt Br DM 28,-
ISBN 3-88571-216-4

Schmutzler-Braun /Schreiner-Berg
Ab und an mal n Buch - warum nicht.
Lebensumstände und Lektüre berufstätiger Jugendlicher ... 1983. 526 S. dipa Br DM 49,60
ISBN 3-7638-0118-9

Schön, Erich
Der Verlust der Sinnlichkeit oder Die Verwandlungen des Lesers.
Mentalitätswandel um 1800. 1987. 445 S., Abb.
Klett-Cotta Ln DM 94,-
ISBN 3-608-91439-0

Schön, Erich
Zur aktuellen Situation des Lesens und zur biographischen Entwicklung des Lesens bei Kindern und Jugendlichen. 1996. 55 S.
BIS-Vlg Kt DM 6,-
ISBN 3-8142-0541-3

Schüler von heute - Leser von morgen?
1988. 64 S. Sauerländer
Aarau-Ffm Gh DM 20,-
ISBN 3-7941-3060-X

Seiler, L./ Vögeli, A.
Lesetraining
vom Amateur zum Profi
1995. 103 S. Verlag an der Ruhr DM 38,-
ISBN 3-86072-201-8

Steinmetz, Horst
Moderne Literatur lesen
1996 264 S. Beck DM 24,- ISBN3-406-39252-0
Einführung in die Literatur des 20. Jahrhunderts. »Moderne Literatur verlangt, eingeschliffene Lesegewohnheiten hinter uns zu lassen.«

Terzi, L.
Die Lesegesellschaft
152 S., Ln Claassen
DM 28,--
ISBN 3-546-00121-4

Text - Leser - Bedeutung. Untersuchungen zur Interaktion von Text und Leser.
1977. 180 S. Hoffmann, Klaus Ln DM 28,-
ISBN 3-88098-013-6

Viel Spass beim Lesen.
Cartoons von Eva Heller, Peter Butschkow, Erich Rauschenbach und Uli Stein
1995. 48 S., durchg. farb. Ill. Lappan Pp DM 12,-
ISBN 3-89082-551-6
Allen Literaten, ob Schreiber oder Leser, zu empfehlen – hilft gegen Trübsinn im Regal.

"Von den Musen wachgeküsst..." –
Als Westfalen lesen lernte. Ein Kurzexposé. Katalog zu einer Ausstellung des Westfälischen Museumsamtes Münster. 1990. 263 S. Schöningh Kt DM 49,80
ISBN 3-506-70405-2

Walther, Klaus
Mit Büchern leben.
Schreibwaren & Drucksachen. 1995. 130 S. Chemnitzer Br DM 12,-
ISBN 3-928678-21-3

von Werder, Lutz
Wissenschaftliche Texte kreativ lesen.
Kreative Methoden für das Lernen an Hochschulen und Universitäten. 1994. 128 S. Schibri-Vlg Gb DM 24,80
ISBN 3-928878-18-2

Wittmann, Reinhard
Buchmarkt und Lektüre im 18. und 19. Jahrhundert. Beiträge zum literarischen Leben 1750-1880.
1982. XII,252 S. Niemeyer, M Kt DM 82,-
ISBN 3-484-35006-7

Zeeb, Ekkehard
Die Unlesbarkeit der Welt und die Lesbarkeit der Texte.
Ausschreitungen des Rahmens der Literatur in den Schriften Heinrichs von Kleists. 1995. 240 S. Königshausen u. Neumann Br DM 58,-
ISBN 3-8260-1067-1

Pennac, Daniel
Wie ein Roman entsteht
Über die unantastbaren Rechte des Lesers
1996. 210 S. geb
Kiepenheuer & Witsch
DM 29,80
ISBN 3-462-02363-2
Nicht von der Stiftung Lesen, sondern ein ganz persönliches, begeisterndes Buch über das Lesen: Aus eigener Kindheitserfahrung, als Vater und Lehrer erzählt Daniel Pennac wie den Kids Lesen wieder Spaß machen kann. Er proklamiert gegen die Gewichtigkeit des Literaturbetriebs mit einem Augenzwinkern die 10 unantastbaren Rechte des Lesers:
1. **Das Recht, nicht zu lesen**
2. **Das Recht, Seiten zu überspringen**
3. **Das Recht, ein Buch nicht zu Ende zu lesen**
4. **Das Recht, noch einmal zu lesen**
5. **Das Recht, irgendwas zu lesen**
6. **Das Recht, den Roman als Leben zu sehen**
7. **Das Recht, überall zu lesen**
8. **Das Recht herumzuschmökern**
9. **Das Recht, laut zu lesen**
10. **Das Recht, zu schweigen**

Literatur und Kritik

Aus: Dichter beschimpfen Dichter, Haffmann

Aspetsberger, Friedbert
Literarisches Leben im Austrofaschismus.
Der Staatspreis.
1980. 248 S. Hain Bodenheim Kt DM 64,-
ISBN 3-445-02021-3

Baier, Lothar
Was wird Literatur?
1992, 130S., Ebr.
Wespennest DM 30,-
ISBN 3-85458-502-0

Baumann, Stefanie
Literaturförderung in Deutschland im kulturpolitischen Kontext.
Vorw. v. Hoppe, Otfried.
1995. 96 S., Uni Lüneburg Gebl DM 18,-
!SBN 3-927816-34-5

Baumgart, Reinhard
Addio - Abschied von der Literatur.

Variationen über ein altes Thema. 1995. 304 S.
Hanser, Gb DM 39,80
ISBN 3-446-18267-5

Die besten Bücher.
20 Jahre Bestenliste des Südwestfunks. 1995. 250 S. Suhrkamp Kt 14,80
ISBN 3-518-38992-0

Blech getrommelt
Günter Grass in der Kritik. Hrsg. H.L. Arnold, 1997 240 S. Steidl
Br DM 28,-
3-88243-528-3

Bondy, Barbara
Zehn Minuten für die Dichter
1991. 97 S. Br.
Beck DM14,80
ISBN 3-406-34044-X
Verführung zur Lyrik: Eine Gedichtauswahl mit Interpretationen

Broch, Hermann
Schriften zur Literatur 1. Kritik.
1976. 424 S. Suhrkamp Ln DM 48,-
ISBN 3-518-02499-X

Czernin, Franz J.
Marcel Reich-Ranicki.
Eine Kritik. 1995. 160 S.. Steidl Br DM 20,-
ISBN 3-88243-345-0

Dambacher, Eva
Literatur- und Kulturpreise. 1859-1949.
1996. ca. 250 S., Abb.
Dt. Schillerges. Br DM 50,- ISBN3-929146-43-6

»**Das war ein Vorspiel nur ...**« Berliner Colloqium zur Literaturpolitik im »Dritten Reich«

1988. 360 S. 316 s/w-Abb. Akademie der Künste DM 36,-

Deutsche Literatur
1996 Jahresüberblick
314 S. Reclam DM 14,--
ISBN 3-15-008873-9
Der Reclam-Jahresüberblick ist bis 1981 zurück noch lieferbar. Mit einer Chronik, einem Verzeichnis (ausgewählter) neuer Bücher aus der Flut der Neuerscheinungen, Rezensionen und einem kritischen Überblick.

Deutschsprachige Literatur der 70er und 80er Jahre
Autoren, Tendenzen, Gattungen.
1997, 368 S., Kt. Wiss.
Buchges. DM 49,80
ISBN 3-534-12938-5

Die Dichter lügen, nicht. Über Erkenntnis, Literatur u. Leser. 1995.
294 S. Königshausen u. Neumann Br DM 58,-
ISBN 3-88479-897-9

Eco, Umberto
Die Grenzen der Interpretation
1995. 477 S. dtv
DM 19,90
ISBN 3-423-04644-9
Welcher Autor könnte nicht Beispiele absurder Interpretation seines Werkes liefern? Umberto Eco führt mit Witz und Geist in das Spannungsfeld von erlaubter und akzeptabler, selbst wenn unbeabsichtigter, Interpretation und unbegrenzter Freiheit der Interpretation.

Eco, Umberto
Lector in fabula
Mitarbeit der Interpretation in erzählenden Texten. 1990. 318 S. dtv
DM 19,90
ISBN 3-423-04531-0
Umberto Ecos wissenschaftliche Studie über die Rolle des Lesers, die vom Autor vorgegeben sei.

Espmark, Kjell
Der Nobelpreis für Literatur.
Prinzipien und Bewertungen hinter den Entscheidungen. 1988. 224 S. Vandenhoeck & Ruprecht Pb DM 34,-
ISBN 3-525-01216-0

Estermann, Alfred
Die deutschen Literatur-Zeitschriften 1815-1850.
Bibliographien - Programme - Autoren. 11 Bde. 2. überarb. u. verb. Aufl. 1991. Zus. 5180 S. Saur Ln zus DM 3278,-
ISBN 3-598-10723-4

Fischer, Carolin
Gärten der Lust
Eine Geschichte erregender Lektüren 1997.
248 S. 32 Abb. geb.
Metzler, DM 49,80
ISBN 3-476-01563-7
Für alle Freunde lustvoller Lektüre - und ihrer Feinde.

Frei, Frederike
Unsterblich
1997. 128 S., Innenteil 2-farb., bibl. Pb Dölling u. Galitz DM 29,80
ISBN 3-930802-68-6
Drei Buchgestalter von

Rang: Florian Fischer, Rainer Groothuis, Victor Malsy.

Freud, Sigmund
Bildende Kunst und Literatur. Rev. Neuausg.
1989. 326 S. Fischer, S Kt DM 38,-
ISBN 3-10-822730-0

Getschmann, Dirk
Zwischen Mauerbau u. Wiedervereinigung.
Tendenzen der deutschsprachigen journalistischen Literaturkritik. Metakritik u Praxis.1992. 232 S. Königshausen u. Neumann Br DM 58,-
ISBN 3-88479-732-8

von Haller, Albrecht
Literaturkritik.
1970. XI,200 S. Niemeyer, M. Ln DM 86,-
ISBN 3-484-10120-2

Hansers Sozialgeschichte der deutschen Literatur vom 16. Jahrhundert bis zur Gegenwart.
12 Bde. Hanser, iVb
ISBN 3-446-12774-7

Hawthorn, Jeremy
Grundbegriffe moderner Literaturtheorie.
Ein Handbuch. 1994.
XXII, 384 S., UTB Francke, A Kt DM 39,80
ISBN 3-8252-1756-6

Heine, Heinrich
Die Prosa nimmt mich auf in ihre weiten Arme
Verrisse u. Visionen ausgew. v. D. Oehler 168 S., Gb, Hanser DM 28,--
ISBN 3-446-19117-8

Harpprecht, Klaus
Schreibspiele
Bemerkungen zur Literatur
1997 493 S. Bouvier Verlag Gb DM 49,80
ISBN 3-416-02568-7
Eine einladende Auswahl und Lektüre, mit Vergnügen am Kamin zu lesen. Sein *Als Thomas Mann an Günter Grass* betitelter Brief »aus jenen Bezirken, die mir als zeitloser Aufenthalt vergönnt sind« endet mit einem Ratschlag des Hanseaten:

Treue und Redlichkeit – Potsdam hat uns diese biedere und anständige Botschaft nicht verleidet. Sie enthält alles, was vom Bürger-Schriftsteller erwartet werden muß, selbst dann, wenn er sich mißachtet und verkannt fühlen sollte. Menschliche Treue, intellektuelle Redlichkeit und, lassen Sie es mich hinzu fügen, jenes Lachen, das uns unsere Humanität bestätigt, und das nur gesteigert zu werden vermag von jenem Heineschen Lachen über sich selbst, das uns für die Welt erträglich macht – ich lege es Ihnen ans Herz.

Hesse, Hermann
Eine Literaturgeschichte in Rezensionen und Aufsätzen. 1975. 588 S.
Suhrkamp Kt DM19,80
ISBN 3-518-36752-8

Der Literarhistoriker

A. Fiebiger

„Eine der hervorragendsten Eigenschaften
Schillers ist es, daß man zwischen ihm und an=
deren Dichtern je eine große Anzahl Parallelen
ziehen kann, welche für die Literatur=
geschichte von höchster Bedeutung sind.“

Hoeges, Dirk
**Literatur und
Evolution.** Studien zur
französischen Literatur-
kritik im 19. Jahrhundert.
1980. 213 S. Winter, C.
Ln DM 82,-
ISBN 3-8253-2857-0

Irro, Werner
Kritik und Literatur.
Eine Untersuchung zur
Praxis gegenwärtiger
Literaturkritik. 1986. 288
S. Königshausen u.
Neumann Br DM 49,80
ISBN 3-88479-255-5

Jöst, Erhard
Freiheit im Beschiss.
Persiflagen und Satiren
zur Germanistik und zur
Literatur. 1986. 116 S.
Akadem. Vlg Stgt Kt
DM 12,-
ISBN 3-88099-621-0

Das junge Wien.
Österreichische Litera-
tur- und Kunstkritik
1887-1902. 2 Bde.
1976. XC,668,IV,680 S.
Niemeyer, M Gh DM
630,-
ISBN 3-484-10220-9

Kaiser, Gerhard:
Wozu noch Literatur?
Über Dichtung und Le-
ben. 1996. 151 S. Beck,
Pb DM 19,80
ISBN 3-406-39264-4

Klauser, Rita
**Die Fachsprache der
Literaturkritik**.
Essay und Rezension.
1992. 214 S. Lang, Br
DM 68,-
ISBN 3-631-44277-7

Kramberg, Karl H.
**Geständnisse eines Le-
sers.** Rezensionen aus 40

Jahren. 1989. 256 S.
Latka, J Gb DM 29,80
ISBN 3-925068-16-3

Leitgeb, Hanna
**Der ausgezeichnete Au-
tor.** Städtische Literatur-
preise und Kulturpolitik
in Deutschland 1926-
1971. 1994. VIII,428 S.
de Gruyter Gb DM 162,-
ISBN 3-11-014402-6

**Lesebuch der Gruppe
47**
Preisgekrönte Lesestücke
von 1950-1962. 1997.
544 S. dtv Kt DM 19,90
ISBN 3-423-12368-0

„Lesen ist schrecklich"
Das Arno-Schmidt-
Lesebuch Hrsg. Rühm-
korf 400 S., Gb, Haff-
mans Verlag DM 39,--
ISBN 3-251-80078-7

Lessing, Gotthold E.
**Briefe, die neueste Lite-
ratur betreffend.**
Reclam, Ph Kt DM 21,-
ISBN 3-15-009339-2

Grützmacher, Jutta
**Literarische Grundbe-
griffe - kurzgefasst.**
Klett Gh DM 12,30
ISBN 3-12-320270-4

**Literaturimport und
Literaturkritik - das
Beispiel Frankreich.**
1996. X,198 S., 5 s/w.
Abb. Narr, G Kt DM 38,-
ISBN 3-8233-4088-3

**Literaturkritik und er-
zählerische Praxis.**
Deutschsprachige Er-
zähler der Gegenwart.
1995. 257 S. Stauffen-
burg Kt DM 48,-
ISBN 3-86057-134-6

**Literarische Gesell-
schaften in Deutschland**
Hrsg. Arbeitsgemein-
schaft Literarischer Ge-
sellschaften. Bearb. v.
Christiane Kussin
1995. 392 S. 143 Abb.
Br Aufbau DM 49,90
ISBN 3-351-02435-5
**106 Literarische Gesell-
schaften wie die Theo-
dor Fontane Gesell-
schaft, die Marcel
Proust Gesellschaft
oder die Karl-May-
Gesellschaft engagieren
sich für Literatur in
allen Teilen Deutsch-
lands, mit regionalen
Literaturgesellschaften
oder Freundeskreisen.
Die meisten bestehen
schon lange und sind
wichtiger Bestandteil
des literarischen Le-
bens. In diesem Hand-
buch findet man ein
Selbstporträt jeder Ge-
sellschaft, ihre Aufga-
ben und Aktivitäten
werden beschrieben, oft
illustriert. Übrigens:
die älteste Literaturge-
sellschaft ist die Deut-
sche Shakespeare-
Gesellschaft – Grün-
dungsjahr 1864.**

**Literaturkritik - An-
spruch und
Wirklichkeit.**
DFG-Symposion 1989.
Hrsg. v. Wilfried Barner.
1990. XIV,513 S. Metz-
ler, Gb DM 128,-
ISBN 3-476-00727-8

Löwenthal, Leo
Gesammelte Schriften.
Bd 1: Literatur u. Mas-
senkultur. 1980. 382 S.
Suhrkamp Tb DM 24,-
ISBN 3-518-28501-7

Loquai, Franz
**Das literarische Scha-
fott.** Über Literaturkritik
im Fernsehen. 1995. ca.
48 S. Isele, Br DM 12,80
ISBN 3-86142-051-1

Mattauch, Hans
**Die literarische Kritik
der frühen französi-
schen Zeitschriften
1665-1748.**
1968. 337 S. Fink, W. Kt
DM 68,-
ISBN 3-7705-0230-2

Neumann, Robert
**Mit fremden Federn
Parodien**
Nachdr. d. Ausgabe von
1927. 1985, 176 S., En-
gelhorn DM 19,80
ISBN 3-87203-001-9
**Robert Neumanns lite-
rarische Parodien (un-
ter anderen Benn,
Brecht, Marlitt, Rilke,
Zuckmayer) sind die
wohl ungewöhnlichste
Form der Stilkritik.
MRR hält ihn für einen
der witzigsten Männer
Europas.**

Mosbacher, Helga
Lesen lernen.
Kleines ABC der Lite-
raturkritik.
1993. 198 S. Beltz
Athenäum Kt DM 24,80
ISBN 3-89547-814-8

Moser, Tilmann
**Literaturkritik als
Hexenjagd.**
Ulla Berkewicz und ihr
Roman "Engel sind
schwarz und weiss". Ei-
ne Streitschrift. 1994.
128S. Serie Piper, Kt
DM 17,90
ISBN 3-492-11918-2

Nusser, Peter
**Romane für die Unter-
schicht. Groschenhefte
und ihre Leser.**
5.Aufl. 1981. 123 S.
Metzler, Kt DM 24,80
ISBN 3-476-00465-1

Papp, Edgar
**Taschenbuch Litera-
turwissenschaft.**
Ein Studienbuch für
Germanisten.
1995. 128 S. Schmidt,
Erich Kt DM 19,80
ISBN 3-503-03704-7

Reich-Ranicki, Marcel
**Die Anwälte der Litera-
tur.** 1994. 360 S. DVA
Gb DM 39,80
ISBN 3-421-06564-0

Reich-Ranicki, Marcel
**Deutsche Literatur in
Ost und West.**
1983. 416 S. Gb DVA
DM 48,--
ISBN 3-421-06159-9

Reich-Ranicki, Marcel
Lauter Lobreden.
1989. 208 S. DVA Pb
DM 19,80
ISBN 3-421-06282-X

Reich-Ranicki, Marcel
Ohne Rabatt
Über Literatur aus der
DDR. 1991. 288 S. Br.
DVA DM 29,80
ISBN 3-421-06611-6

Reich-Ranicki, Marcel
**Wer schreibt, provo-
ziert.** Pamphlete und
Kommentare.
1993. 208 S. Fischer Tb.
Kt DM 14,90
ISBN 3-596-11395-4

Richards, Ivor A.
Prinzipien der Literaturkritik.
1973. 300 S.Suhrkamp
DM 26,-
ISBN 3-518-06369-3

Rollka, Bodo
Vom Elend der Literaturkritik.
Buchwerbung und Buchbesprechungen in der Welt am Sonntag.
1975. 140 S. Spiess Pb
DM 28,-
ISBN 3-89166-311-0

Schaad, Isolde
Mein Text so blau.
Der Sound der Literatur.
Essays, Stories und Dramen vom Tatort.
1997. ca. 300 S. Limmat
Gb ca DM 38,-
ISBN 3-85791-282-0

Schmitz/Egyptien /Neukirchen
Hat Literatur die Kritik nötig?
Antworten auf die Preisfrage der Deutschen Akademie für Sprache und Dichtung vom Jahr 1987. 1989. 165 S. Wallstein Ebr DM 22,-
ISBN 3-89244-109-X

> Das Problem des Kritikers ist nicht,
> daß ihm die Kunst oft mißfällt,
> sondern daß er so tun muß,
> als wüßte er auch, warum.
>
> Georg Kreisler

Schriftsteller und ihre Interpreten.
Texte österreichischer AutorInnen über die Literaturwissenschaft.
1993. 112 S. Studien Vlg
Kt DM 36,80
ISBN 3-901160-33-7

Spielkamp, Thomas
Literaturkritik als "Criticism of Life".
1994. 216 S. Lang, Br
DM 64,-
ISBN 3-631-47108-4

Stamer, Uwe
Beiträge zur Literaturkritik. Rezensionen zu Romanen und Erzählungen... 1978-1988.
1989. 124 S. Akad.Vlg
Stgt Kt DM 36,-
ISBN 3-88099-223-1

Steinecke, Hartmut
Literaturkritik des Jungen Deutschland.
Entwicklungen - Tendenzen - Texte.
1982. 287 S. Schmidt, E.
DM 78,-
ISBN 3-503-01682-1

Tucholsky, Kurt
Literaturkritik
1972. rororo Tb DM 7,80
ISBN 3-499-15548-6

Viehoff, Reinhold
Literaturkritik im Rundfunk.
Eine empirische Untersuchung von Sendereihen des Westdeutschen Rundfunks 1971-1973.
1981. X,418 S. Niemeyer, M Kt DM 84,-
ISBN 3-484-34005-3

Weber, Heinz D.
Über eine Theorie der Literaturkritik.
1971. 76 S. Fink,

Wilhelm Kt DM 16,80
ISBN 3-7705-0598-0

Wellek, René
Geschichte der Literaturkritik 1750-1950.
4 Bde. de Gruyter
ISBN 3-11-005913-4

Winkels, Hubert
Leselust und Bildermacht. Über Literatur, Fernsehen und neue Medien. 1997. 288 S. Br, Kiepenheuer & Witsch
DM 36,-
ISBN 3-462-02623-2

Wittkowski, Joachim
Lyrik in der Presse.
Eine Untersuchung der Kritik an Wolf Biermann, Erich Fried und Ulla Hahn. 1991. 340 S. Königshausen u. Neumann Br DM 68,-
ISBN 3-88479-553-8

Zhong, Lianmin
Bewerten in literarischen Rezensionen.
1995. 218 S., zahlr. Abb.
Lang, Br DM 59,-
ISBN 3-631-47069-X

ZurNieden, Birgit
Mythos und Literaturkritik. Zur literaturwissenschaftlichen Mythendeutung der Moderne.
1993. 212 S. Waxmann
Br DM 49,90
ISBN 3-89325-132-4

Zwischen allen Stühlen.
Zur Situation der Kinder- und Jugendliteratur-Kritik. 1990 Evangelische Akad. Tutzing. Br
DM 15,-
ISBN 3-9801331-5-X

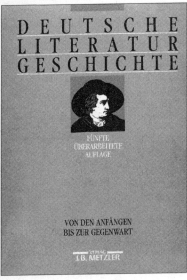
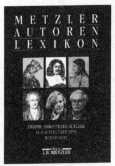

Lesespass für Literatur-Insider

Aus: Gegengift, Zeitschrift für Politik und Kultur

Adams, Bronte
Mord, wie er im Buche steht
1996. Econ Tb DM 15,-
ISBN 3-612-25046-9
Eine junge Lektorin wird in den Mord an ihrem Verleger verwikkelt, dabei stößt sie auf das geheimgehaltene Manuskript einer Bestsellerautorin. Die Welt ist schlecht – auch die Verlagswelt?

Alexander, Bruce
Die zweite Wahrheit
1997. 32o S. Btb Tb DM 17,- ISBN3-442-72107-5
Dichter unter Mordverdacht: Ein faszinierender Roman, der das England des 18. Jahrhunderts lebendig werden lässt.

Amis, Martin
Information
Roman
1996, 576 S. Fischer Gb
DM 48,-
ISBN 3-10-000819-7
Der Medienstar der englischen Literaturszene rechnet mit eben dieser ab – und wird dafür um so mehr verehrt: Martin Amis rasante Farce lässt vor allem den schreibenden Leser atemlos. Der Konflikt zwischen wahrem und daher erfolglosem Literaten und Erfolgsautor führt in alle Niederungen menschlicher Gemeinheiten und ist dabei so spannend wie amüsant geschrieben. Übrigens, auf Seite 419 findet sich ein herrliches Literaturgesetz, etwas abgegriffen und stockfleckig, aber immer noch herrlich wie eh und je, das besagt: Je leichter etwas zu schreiben ist, desto mehr Geld bekommt der Autor dafür, daß er's schreibt. (Und umgekehrt – fragen Sie den Lyriker an der Bushaltestelle.)«

Anderson, Roger
Lesen statt bellen
Auch Hunde haben ein Recht auf Bildung
1997 80 S. ill. v. Katharina Joanowitsch Ullstein
DM 12.90
ISBN 3-548-24084-4
Ein Verleger kreirt einen neuen Markt: Lesende Hunde. Doch was sagen, pardon, bellen die Hunde dazu?

Bachmann, Richard
Regulator
516 S. Heyne DM 44,-
ISBN 3-453-11499-X
Neuentdecktes Werk von Stephen King: Schriftsteller Marinville erlebt moderne Apokalypse.

de Balzac, Honore
Verlorene Illusionen
1981, 800 S., Diogenes,
Br., DM 19.80
ISBN 3-257-20905-3
Der Klassiker über Bücher, Verleger, Schriftsteller und – Bankrott.

Barnes, J.
Flauberts Papagei
1997 rororo Tb DM14,90
ISBN 3-499-22133-0

Bartels, Klaus
Wie Berenike auf die Vernissage kam
77 Wortgeschichten
1996 190 S. Wiss. Buchges. Geb DM 38,-
ISBN 3-534-12923-7
Feuilletonleser der Stuttgarter Nachrichten schätzen die Wortgeschichten schon lange: Unterhaltsam führt Klaus Bartels auf die klassischen Wortursprünge moderner Begriffe zurück und lässt Wörter sprechen, Geschichten erzählen und Geschichte lebendig werden. Ein lesenswertes und schönes Buch.

Bayer, Ingeborg
Das schwarze Pergament
Roman
1997. 416 S. Droemer Knaur Geb DM 42,90
ISBN 3-426-19394-9

Adolf Endler hat mir erzählt, daß er vor längerer Zeit drei Monate nicht geraucht hatte und während dieser Zeit nichts und gar nichts schreiben konnte. Schließlich habe er sich eine Zigarre gekauft und konnte, siehe da, nach deren Genuß sofort weiterschreiben. Ohne die inspirative Kraft der Zigarre konnte sich auch Hermann Burger kaum an den Schreibtisch setzen: Das Blatt der colorado-claro-farbenen, fein geäderten Cigarre, die ich genüßlich anrauche, während ich den Bogen in die Schreibmaschine spanne, ist nicht in meiner ersten Heimat, dem Aargauischen Stumpenland, gewachsen und verarbeitet worden, sondern es stammt aus Cuba, dem königlichen Boden der Vuelta Abajo, die wir auf der sichelförmigen Insel zwischen dem Atlantik und der Karibik westlich von La Habana finden.
Aus: Bluhm, Detlef
Auf leichten Flügeln ins Land der Phantasie
1997. 160 S. zahlr. Abb.
:Transit Ln DM 34,--
ISBN 3-88747-114-8
Übers Lesen, Schreiben, Rauchen, Denken, Grübeln – diese literarischen Spaziergänge durch die Geschichte des Rauchens stimmen selbst Non-smoker mild. Ein schön ausgestatter Band des Berliner Buch- und Zigarrenliebhabers Detlef Bluhm.

Beck, H.
Roman-Anfänge
Rund 500 erste Sätze
1992, 142 S., Haffmanns
DM 15,--
ISBN 3-251-00210-4

Beck, H.
Roman-Enden
Rund 500 letzte Sätze
1993, 154 S., Haffmanns
DM 15,--
ISBN 3-251-00218-X

Beckett, S.
Traum von mehr bis minder schönen Frauen
1996 320 S. Suhrkamp
Ln DM 48,-
ISBN 3-518-40777-5
Roman

Blandiana, A.
Die Applausmaschine
1997 Fischer Tb DM 16,90
ISBN 3-596-12579-0

Bohne, R., Becker, J.
Korrespondenzen mit Landschaft
Collagen und Gedichte
1996 48 S. ill. Suhrkamp
DM 148,-
ISBN 3-518-40801-1

Boyle, K.
Das Jahr davor
1997 Fischer Tb DM 18,90
ISBN 3-596-12002-0

de Bruyn, Günter
Lesefreuden
1995, 333 S., Fischer
DM 16,90
ISBN 3-596-11637-6

Von Büchern und Menschen Almanach
1997. 112 S., Schöffling & Co. DM 12,-
ISBN 3-89561-903-9

Bronnen, Barbara
Die Stadt der Tagebücher
Vom Festhalten des Lebens durch Schreiben.
1997, 240 S. Krüger
DM 34,-
ISBN 3-8105-00241-3
Ein Buch, das Schreie niederschreibt, aus Leben Schrift macht und Therapie anbietet. Verschiedene Arten des Tagebuchreibens werden durch literarische und persönliche Beispiele dargestellt. Von der Stadt der Tagebücher, dem Tagebuch-Archiv und den Gründen fürs Schreiben, mit einem kurzen Exkurs in die Psychologie handelt dieses liebevoll gemachte Buch, das auch für chronische Nicht-Schreiber interessant ist.

Bufalino, G.
Klare Verhältnisse
1996 180 S. Suhrkamp
Br DM 10.80
ISBN 3-518-39102-X

Bukowski, Ch.
Aufzeichnungen eines Außenseiters
Fischer DM 12,90
ISBN 3-596-10484-X

Burckhardt, C.
Ein Vormittag beim Buchhändler
1995, S. 48, Callwey
ISBN 3-7667-1191-1

Busch, Wilhelm
Balduin Bählamm Maler Klecksel
1974, 150 S., Diogenes
DM 6,80
ISBN 3-257-20112-5

Buchholz, Quint
BuchBilderBuch
45 Bilder von Quint
Buchholz und 45 Texte
von Herbert Achtern-
busch bis Paul Wühr.
1997 120 S. geb. Sans-
souci DM 34,--
ISBN 3-7254-1109-3
Ungewöhnlich: Sechs-
undvierzig Autoren in
aller Welt von Herbert
Achternbusch über
Jostein Gaarder, Elke
Heidenreich, Milan
Kundera bis Martin
Walser und Botho
Strauß entdecken eine
Geschichte im Bücher-
Bild von Quint Buch-
holz, das der Verlag ih-
nen sandte. Alle sechs-
undvierzig haben mit-
gemacht, zu lesen und
zu schauen in diesem
wundersamen Bilder-
buch.

Carter, Robert
Der Bestseller
1997, ca 336 S., geb.
Diogenes ca. DM 39,-
ISBN 3-257-06147-1
Nick Barlow, Gentle-
man-Verleger eines
kleinen, renommierten
New Yorker Verlags-
hauses, gilt als die Kö-
nig der Kriminallitera-
tur. Als sein unbelieb-
ter Starlektor ermordet
wird, gerät auch er un-
ter Verdacht: Ein lite-
rarischer Hinweis führt
Nick Barlow zum wah-
ren Täter...
Der Autor brilliert mit
witzigen Anekdoten aus
der Verlagswelt, der er
als Lektor und Verle-
ger angehörte.

van Cauwelaert, Didier
Grüße eines Engels
1997 Heyne DM 12,90
ISBN 3-453-11680-1
Der 11jährige Autor
möchte endlich eines
seiner Manuskripte ge-
druckt sehen und fliegt
heimlich nach Paris,
um es persönlich den
großen Verlagen vor-
zulegen. Die Stewar-
dess Cheyenne ist seine
erste Liebe, der er
nachts seinen Roman
vorliest, was ihr zum
ersten Mal den Schlaf
ohne Tablettenhilfe
bringt... Ihr Leben und
seines berühren sich
noch zweimal durch
rätselhafte Zufälle,
aber die Chance, die sie
hatten, endet im Lei-
chenschauhaus. Mysti-
sche Liebesgeschichte.

DeCarlo, Andrea
**Techniken der
Verführung**
1995, 432 S., Br., Dio-
genes, DM 19.90
ISBN 3-257-22783-3
Ein junger Autor zwi-
schen einer Frau, die er
liebt, und einem Litera-
ten, den er bewundert
und der ihn fördert.
Zudem Aufschlußrei-
ches über das Innenle-
ben von Redaktions-
stuben und Literatur-
bertrieb.

Char, René
**Die Bibliothek in
Flammen**
Gedichte
Fischer Tb DM 19,80
ISBN 3-596-10803-9

Chabon , Michael
Wonder Boys
Roman 1996 384 S.
gebd. Kiepenheuer &
Witsch DM 44,- ISBN 3-
462-02521-X
Das turbulente Week-
end eines alternden
Schriftstellers, seines
nes Lektors und eines
schreibenden Konkur-
renten: Bizarre Aben-
teuer und Liebesaffä-
ren und lange Roman-
manuskripte... über die
» unheilbare Krank-
heit, die dazu führt,
dass alle guten Schrift-
steller unweigerlich in
wesentlichen Punkten
das Schicksal ihrer
Charaktere erleiden.«

Cheek, Mavis
**Wer zuletzt liebt, liebt
am besten**
478 S. geb. Lübbe DM
39,80
ISBN 3-7857-0790-8
Botero-girl verliebt
sich, bleibt unschuldig
und wird unbeabsich-
tigt zur Bestseller-
autorin mit manu-
skriptgieriger Litera-
turagentin und tollen
Erfolgen.
Auf 477 Seiten ein
Märchen, das erst mit
Ernüchterung, aber
dann doch happy en-
det. Macht nicht
nur schwergewichtigen
Autorinnen Mut und
verrät einiges vom
Schreibbetrieb.

Cohen, Matt
Der Buchhändler
1997 320 S. btb Geb
DM 42,90
ISBN 3-442-75003-2

Die Pflicht eines Schriftstellers

Martin öffnete die Tür des alten Wandschranks, der früher im Zimmer seiner Eltern gestanden hatte. Er entschied sich für eins seiner beiden dicken amerikanischen Freizeithemden, die er vor zwei Jahren direkt bei L. L. Beans in Maine gekauft hatte. Er zog es über das Unterhemd. Es war groß und flauschig, hatte Schildpattknöpfe und Verzierungen an den Taschen. Er steckte es so weit wie möglich in die Hose, trat ans Schränkchen mit dem Rotkreuzemblem, griff nach einem Fläschchen Wodka und entnahm einem tieferen Bord ein Glas und Tonic Water. Er stellte seinen Stuhl an den Feldtisch, den er beim Verkauf afrikanischer Safariausrüstung aus den Fünfzigern erstanden hatte, und setzte sich an die Corona Nr. 3, um aufzuschreiben, wie er sich fühlte. Diese Augenblicke genoß er am meisten, die Augenblicke an der Schreibmaschine. Mit einem leeren Blatt Kanzleipapier und einem vollen Glas Schnaps vor sich wußte er, daß es ihm genauso ging wie so oft dem Meister.

Martins Hände glitten über die dunklen, gerundeten Tasten, aber sein Verstand war wie gelähmt. Draußen hörte er das klagende Krächzen der Wildgänse, die zur Bucht flogen. Er schaute auf die Uhr. Dreiviertel fünf. Jeden Augenblick mußte seine Mutter rufen und ihm mitteilen, daß der Tee fertig war...

Martin unternahm eine übermenschliche Anstrengung, sich zu konzentrieren, schloß die Augen und stellte sich die heiße, luftige Veranda von Finca Vigia vor, Hemingways kubanischem Zuhause, oder das prunkvolle Wohnzimmer einer Suite im Palace Hotel in Madrid, oder eine Ecke von Harrys Bar im Gritti in Venedig, aber alles, was sein Gehirn registrierte, war der Regen an den Fensterscheiben eines warmen, ungelüfteten Schlafzimmers in Suffolk. Er trank etwas Wodka und fühlte sich besser. Dann wandte er sich wieder der Schreibmaschine zu und versuchte festzuhalten, wie es um ihn stand, klipp und klar. Wie es die Pflicht eines Schriftstellers war.

Aus: *Hemingways Stuhl* von Michael Palin, btb

De Carlo, Andrea
Techniken der
Verführung
1995, 432 S., Br., Diogenes, DM 19.90
ISBN 3-257-22783-3
Junger Autor zwischen
der Frau, die er liebt,
und einem Literaten,
den er bewundert und
der ihn fördert.
Zudem Aufschlußrei-
ches über das Innenle-
ben von Redaktions-
stuben und Literatur-
betrieb.

Deane, S.
Im Dunkeln lesen
Roman 264 S. Gb, Hanser DM 39,80
ISBN 3-446-19101-1

Djian, Philippe
Betty Blue
37,2° am Morgen
1988, 400 S., Diogenes,
Br., DM 16.80
ISBN 3-257-21671-8
Niemand kann eine
Frau lieben und gleich-
zeitig einen Roman
schreiben.
Band 1 von Philippe
Djians Trilogie über
Liebe und Schreiben.

Djian, Philippe
Erogene Zone
1989, 336 S., Diogenes,
Br., DM 16.90
ISBN 3-257-21776-5

Djian, Philippe
Verraten und verkauft
1990, 432 S., Diogenes,
Br., DM 16.80
ISBN 3-257-21851-6

Doctorow, E.L.
Das Leben der Dichter
1995, 176 S., Kiepenheuer & Witsch DM 16,80

ISBN 3-462-02428-0
Schriftsteller in der
Schaffens- und Lebenskrise

Duyns, Cherry
Dantes Trompete
1996 223 S. Luchterhand
DM 36,-
ISBN 3-630-86939-4
„Nach seinem Raus-
schmiß (bei der Lokal-
zeitung) arbeitete Vic-
tor Klein im elenden
Heer der Lohnschrei-
ber". Seine Frau trennt
sich von ihm und er
landet mit dem Grau-
papagei Booker als ein-
zigem Vertrauten in ei-
nem Hochhaus namens
Vergangenheit. Mit 47
Jahren lernt Victor
Trompetespielen, für
sich selbst sorgen und
spürt dem ehemaligen
Besitzer seiner Trom-
pete in der Travestie-
Szene von Berlin nach.
Lost generation Hu-
mor, literarische Un-
terhaltung und Durch-
lesen bis zum unerwar-
teten Ende.

Dylan, Thomas
Portrait des Künstlers
als junger Hund
Fischer Tb DM 16,90
ISBN 3-596-11363-6

Eco, Umberto
Das alte Buch und das
Meer
Neue Streichholzbrief
1995, 47 S. Hanser DM
5,- ISBN 3-446-18220-9

Ekmann, K.
Winter der Lügen
1997. 219 S. Malik DM
36,- Schriftstellerin als
Detektivin

Ellmann, R.
Vier Dubliner
Wilde, Yeats, Joyce,
Beckett. 1996 142 S.
Suhrkamp Br DM 12,80
ISBN 3-518-19184-4

Das erotische Kabinett
Hrsg Heinz Ludwig Arnold u. Christiane Freudenstein Mit 40 Federzeichnungen von Thomas Müller
1997. ca 240 S. geb.
Kiepenheuer DM 39,90
ISBN 3-378-00606-4
Ein lustvolles Lesebuch
des Herausgebers von
Text+Kritik.

Estrada, E.M.
Das Buch,
das verschwand
Erzählung, 1996. 76 S.
Fischer DM 20,-
ISBN 3-10-017006-7

Feyl, Renate
Die profanen Stunden
des Glücks
Roman. 1996. 272 S.
geb. Kiepenheuer &
Witsch DM 36,-
ISBN 3-462-002558-9

Fischer, T.
Ich raube, also bin ich...
...Die Eddie Coffin Story
1997 416 S. Rowohlt/
Berlin Verlag Geb
DM 42,-
ISBN 3-87134-258-0

Fohsel, H.J.
Im Wartesaal der
Poesie
1996 144 S. ill. Das Arsenal DM 26,80
Zeit- und Sittenbilder aus
dem Cafe´des Westens...

French, Marilyn
Mein Sommer mit George
1997, 320 S., Knaus
DM 42,90
ISBN 3-8135-0040-3
Schnulzenautorin erlebt
die Liebe im Herbst ihres
Lebens

Genazino, W.
Das Licht brennt ein Loch in den Tag
1997 128 S. Rowohlt
DM 32,-
ISBN 3-499-02481-7
Erinnerungen erzählen,
um erinnert zu werden.

Gernhardt, Bernstein,
Waechter
Die Wahrheit über Arnold Hau
Fischer Tb DM 14,90
ISBN 3-596-13230-4
Satire auf Biographien
und andere Mühen

Gödden, W u. Grywatsch, J.
Ich, Feder, Tinte und Papier – Katalog , 1997
128 S. Schöningh Kart.
DM 38,--
ISBN 3-506-73198-X
Schreibwerkstatt von
A. v. Droste-Hülshoff

Goethe, J.W. / Busch W.
Faust
Eine Tragödie
In einer krassen Bearbeitung v. Eberhard
Thomas Müller
Mit vielen Zeichnungen
von Wilhelm Busch
80 S., Br., Diogenes, DM
9.90
ISBN 3-257-22949-6
Kürzt das Literaturstudium ungemein ab.

Grace, Celia L.
Die Heilerin von Canterbury und das Buch des Hexers
1997. 250 S., geb. Eichborn DM 34,-
ISBN 3-8218-0378-9
Es geht um das in Menschenhaut gebundene *Buch des Todes* **des ermordeten Hexers von Canterbury, um nichts weniger. Und da er seinem Buch nicht nur Geheimrezepte, sondern auch die Geheimnisse angesehener Mibürger gesammelt und zu Erpressung und Betrug genutzt hat, richtet sich der Verdacht der detektivischen Ärztin Kathryn gar auf die Königin... Die Historikerin und Autorin Celia Grace lässt das Mittelalter auf ganz spannende Weise lebendig werden – auch wenn es dabei eine Menge Tote gibt.**

Grass, Günter
Fundsachen für Nichtleser
1997 240 S. ill. Steidl
Geb DM 78,--
ISBN 3-88243-477-5
Ein großzügiges Buch, nicht nur im Format, mit dem uns Günter Grass und der Steidl-Verlag am Leben des Dichters teilhaben lassen. Vorschlag: Auf den Tisch legen, der Jahreszeit oder Vorliebe entsprechend jeden Tag eine Doppelseite aufschlagen, das Auge auf Aquarell und Text ruhenlassen und sinnieren. Ein großes, farbiges Buch für viele Tage.

Grisebach, Lothar
Ernst Ludwig Kirchners Davoser Tagebuch
1997 380 S. ill. Verlag
Gerd Hatje DM 48,-
ISBN 3-7757-0622-4
Schrift und Skizze

Gur, Batya
Am Anfang war das Wort
1997 Goldmann Taschenbuch DM 14,90
ISBN 3-442-43600-1
Die Brillianz von Literaten und die alte Frage nach der Trennung von Künstler und Werk wenn es um herkömmliche Moral geht, ist das Thema dieses exzellenten Insider-Werks in Krimiform, das für einen Mord ohne Reue Rechtfertigung anbietet. Szenen, Handelnde und Dialoge sind überzeugend und fesselnd von Seite 1 bis 471. Für den, der jemand kennt, der es noch nicht kennt, ein absolutes Geschenk-Muß.

Hage, Volker
Von Combray nach Schloß Gripsholm
1997 128 S. btb Geb DM 36,90
ISBN 3-442-75005-9
Schauplätze der Literatur

Hawkes, J.
Belohnung für schnelles Fahren bei Nacht
1996 120 S. Suhrkamp
Br DM 10,80
ISBN 3-518-39026-0

Hensel, K.
Tanz am Kanal
1997 120 S. Suhrkamp
Tb DM 12,80
ISBN 3-518-39149-6

Fortschritte eines jungen Autors

Ich bin 11 Jahre alt. Ein schwarzer Aktenkoffer mit meinen Initialen steht zwischen meinen Beinen. In ihm befindet sich mein Manuskript. Das beste meiner Manuskripte, das mir schon vierzehn Absagebriefe eingebracht hat. Diese Reise ist meine letzte Chance. Nachdem es mit Standardbriefen von sämtlichen Verlagen, die ich für wichtig hielt, abgelehnt worden war, habe ich eine Zeitungsanzeige ausgeschnitten: ein Verlag, der auf Kosten des Autoren veröffentlicht. Ich habe mein Tretauto (ein Peugeot 404 Cabriolet aus blauem Blech mit funktionierenden Scheinwerfern und einer Hupe) und die Briefmarkensammlung meines Grossvaters verkauft und eintausend Francs aus der Kasse meiner Mutter in der Gärtnerei gestohlen. Ich hoffe, dass das Geld reicht. Ich habe mich erkundigt, man bekommt den Einsatz nach dem Verkauf der ersten Auflage zurück. Wenn der Diebstahl aufkommt und man statt meiner jemanden aus der Gärtnerei beschuldigt, den ich gern habe, werde ich alles gestehen. Da ich noch minderjährig bin, kommen meine Eltern an meiner Stelle ins Gefängnis: ein guter Aufhänger für den Start meines Buches. Im übrigen bin ich in dem Roman ohnehin Waise...

Sie hatte sich nicht vom Fleck gerührt und stand unbeweglich vor dem Stuhl, auf dem ich fünfzehn Stunden pro Tag saß und mich bemühte, meine Ideen in Wirbelsäulenverkrümmung umzusetzen. Ich stellte mich hinter sie, um sie zu streicheln, während sie über das Manuskript strich. Sie war im Begriff, den Pappordner zu öffnen, doch dann überlegte sie es sich anders, legte die Hände flach darauf, um sich abzustützen, straffte sich und streckte mir ihr Hinterteil entgegen. Und so nahm ich sie über dem Manuskript.

Aus: *Grüsse eines Engels* von Didier van Cauwelaert, Heyne

Hitchcock, Jane Stanton
Hexenhammer
1997 544 S. btb DM
18,- ISBN3-442-72206-3
Hauptperson ist ein
Handbuch der Schwar-
zen Magie aus dem 15.
Jahrhundert. Der ah-
nungslose Besitzer wird
ermordet. Es entwickelt
sich eine Story um dä-
monische Riten, echte
Hexenverbrennungen
und mittelalterliche
Folter in *unserer* Zeit.
Ein Antiquar und der
moderne Groß-
inquisitor spielen ne-
ben der Tochter des
Mordopfers als Räche-
rin die Hauptrollen –
spannende 543 Seiten
lang an Scheiterhaufen
und Streckbank vorbei.

Hodgson, B.
Das Lächeln der
Vergangenheit
Literarischer Bilderro-
man. 150 S., farb. Ill.,
Ln. Fretz & Wasmuth
ISBN 3-502-11904-X

Hofmann, Maria Georg
Der Auftritt des links-
händigen Dichters
Alexander
Galajda
446 S. Müller DM 49,80
ISBN 3-7013-0912-4
Die aus Ungarn 1956
geflüchtete Autorin lebt
ihr zweites Leben in
Österreich und be-
schenkt uns mit einem
Roman voll prallen Le-
bens, grausam, grotesk,
ein Roman über und
gegen den Krieg aus
der Zeit zwischen 1933
und 1945 in einer unga-
rischen Kleinstadt.

Holbein, Ulrich
Sprachlupe
1997. 395 S. Eichborn
Gb DM 39,80
ISBN 3-8218-3447-1
Literaten und Kritiker
unterm sprachlichen
Brennglas, höchst ver-
gnüglich. Für alle
Schreiber, Verleger,
Händler und Leser des
gedruckten Wortes.

Holbein, Ulrich
Werden auch Sie ein
Genie! 66 Tips
1997, 87 S. ill., geb.
Eichborn DM 24,80
ISBN 3-8218-1480-2
66 erfrischende Tips,
auch für alle heimli-
chen Wortmetze, die
mal eben ganz genial
den Bestseller landen
möchten.
Achtung: Tip Nr. 57
lautet – *Genießen Sie*
Tips mit Vorsicht!

Huizing, Klaas
Der Buchtrinker
1994 Btb Tb DM 14,-
ISBN 3-442-72014-1
BIBLIOMANEN her-
gelesen – hier ist *das*
Buch zur gernerlittenen
Krankheit.
Drei Fachmänner sind
an der faszinierenden
Geschichte beteiligt:
Tinius, der bücherbe-
sessene Mordverdäch-
tige, Reinhold Falk,
der ihm nachforscht
und sich verliert und
Autor Huizing, der ein
unwiderstehliches Buch
geschrieben hat, das
man einfach besitzen
muß!

Johnson, B.S.
Mit Ihren Memoiren
sind Sie reichlich früh
dran 1995, 213 S.,
Fischer Tb DM 16,90
ISBN 3-596-11368-7
Autobiographisches,
beispielsweise vom
schweren Leben eines
Mannes mit drei *balls*...

Kaiser, Reinhard
Literarische Spazier-
gänge im Internet
Bücher und Bibliotheken
online. 1997 Eichborn
DM 29,80
ISBN 3-8218-0975-2
Frei von aufgeblasenem
Computerjargon gelei-
tet uns der Autor durch
virtuelle Bibliotheken,
Literaturarchive, Ly-
rikseiten und Autoren-
projekte. Das Beste am
Internet: Es erscheinen
immer mehr Bücher
darüber.

King, Stephen
Desperation
668 S. Heyne DM 48,-
ISBN 3-453-11498-1
Auf dem verlassensten
Highway Amerikas
wird der literarische
Platzhirsch J.E. Marin-
ville von einem Cop
entführt. Die Hölle be-
ginnt. Wahnsinn.

Kleinbaum, N.H.
Der Club der toten
Dichter
1995, 158 S., Bastei
LübbeTb DM 8,90
ISBN 3-404-11566-X

Kein Lesen ist der
Mühe wert, wenn es
nicht unterhält.
William Somerset
Maugham

Klingler, Eva
Warte nur, balde ruhest du auch
1997. 240 S. geb. Rütten & Loening DM 36,-
ISBN 3-352-00538-9
Journalistin entdeckt hinter dem Mord an einem Goethe-Forscher ein historisches Geheimnis, das bis in die Gegenwart reicht...

Kotzwinkle, William
Ein Bär will nach oben
1997 276 S. Eichborn Gb DM 36,-
ISBN 3-8218-0374-6
Endlich das Erfolgsrezept, wie man einen Roman an den Verleger bringt... Eine wunderbare Satire auf den Literaturbetrieb und die Verlagswelt. *Great fun!*

Krüger, Michael
Das Ende des Romans
1992, 126 S., Fischer DM 12,90
ISBN 3-596-11018-1
Über das Schrumpfen eines 800-Seiten-Manuskripts –Autoren *ohne* natürliche Schreibhemmung empfohlen

Bücher sind bessere Freunde als Menschen; denn sie reden nur, wenn wir wollen, und schweigen, wenn wir anderes vorhaben. Sie geben immer und fordern nie.

Baron von Münchhausen

Kühn, Johannes
Gasthausgedichte
1997 136 S. Hanser Gb DM 26,-
ISBN 3-446-18938-6
„Alle Gedichte dieses Bandes sind tatsächlich am Gasthaustisch geschrieben." Der Platz des Dichters aber ist am Rand als Beobachter und so entstanden diese von Leben schweren 27 Gedichte, die Szenen und Menschen beschreiben als wenn man sie anfassen könnte, aus denen es aber auch sehnsüchtig spricht: „Auf Wölfe wart ich, die Weizenkörner fressen / auf Löwen, die sich zu roten Mohnblumen legen..."

Lehr, Thomas
Zweiwasser oder Die Bibliothek der Gnade
1997, 358 S., AtV DM 17,90
ISBN 3-7466-1442-0
Schriftsteller im Clinch mit Literatur-Größen und: wie eine utopische Manuskript-Bibliothek entsteht.

Lindgren, Torgny
Hummelhonig
1997 159 S. Hanser Gb DM 34,-
ISBN 3-446-18941-6
Eine Schriftstellerin auf Vortragsreise wird durch Schneefall aufgehalten und landet auf einem einsamen Hof zwei todkranken Brüdern, die in unversöhnlichem Haß auf das Sterben des anderen warten. Dunkle Geheimnisse aus der Ver-

gangenheit halten sie am Leben. allein durch Willenskraft am Leben: Keiner gönnt es dem anderen den Triumph vor ihm zu sterben. Die Hintergründe des Hasses werden mit psychologischem Feinsinn, in sparsamer Handlung offenbart – immer aus der Sicht beider Männer. Das geschieht meisterhaft zurückhaltend und in einer kraftvollen Sprache.

Livi, Grazia
Die Buchstaben meines Namens
Fischer Tb DM 16,90
ISBN 3-596-12617-7
Portraits von Schriftstellerinnen unseres Jahrhunderts

Das literarische Bankett
Illustrationen v. Thomas Müller, 272 S., Gb.
Kiepenheuer Verlag DM 39,90

Llewellyn, Caroline
Die verborgene Geschichte
1996. 475 S. Btb DM 18,-
ISBN 3-442-75003-6
Buchillustratorin begegnet der mörderischen Vergangenheit im Großeltern Cottage: Ein Verlag, zwei tote Teilhaber und ein verschollenes Manuskript. Romantisch bis zur letzten Seite in englischer Countryside mit Herrenhaus und Hügelgrab, das, wie es sich gehört ein schreckliches Geheimnis birgt.

Mason, Simon
Der Phantast
1997. 288 S. Diogenes
geb DM 39,-
ISBN 3-257-06136-6
Schwarze Komödie mit
einem Verlagslektor

Mazer, Harry
**Marcus Rosenbloom
und die Liebe**
dtv junior DM 8,90
ISBN 3-423-78017-7
**Jugendroman übers
Sein mit 17 und
schriftstellerisches Be-
ginnen: Ein Jungautor
hat keine Zeit für Mäd-
chen...**

McGahan, Andrew
**Die Geschichte mit
Cynthia**
1997 Goldmann Tb DM
20,- ISBN3-442-54003-8
Sex, Drugs, Booze und
**Arbeitslosigkeit, dazu
Drastisches über die
Vielfalt und Beschwer-
nisse der körperlichen
Vereinigung eines un-
geübten Gelegenheits-
dichters mit einer
Schniepelexpertin. Stoff
für stabile Leser. Aus-
gezeichnet mit dem
Australian Literary
Award.**

Mein Portrait
1997 120 S. Droemer
Knaur DM 49,90
ISBN 3-426-27025-0
Schriftsteller schreiben
über ihr Lieblingsportrait

Meyer, Kai
Die Geisterseher
352 S. AtV DM 15,-
ISBN 3-7466-1300-0
**Erst bricht ein Schau-
spieler bei der Auffüh-
rung von Goethes Faust
tot zusammen. Dann**

stirbt Schiller nach der
Einnahme einer Medi-
zin, die ihm Goethe
sandte und hinterläßt
ein Manuskript, das ge-
raubt wird. Die Brüder
Grimm sind als Akteu-
re mit in der Handlung.
Dramatisch geht es zu
bis Seite 345, wo nicht
nur Dorothea, Goethes
Dienstmagd, beim Ser-
vieren des Essens
spricht: „Mir fällt ein
Stein vom Herzen."

Moore, Brian
Strandgeburtstag
1996, 256 S., Ln.,
Diogenes, DM 36.-
ISBN 3-257-06105-6
**Ein Schriftsteller in
menschlicher Krise, die
sich zur Schaffenskrise
auswächst, von den Ge-
spenstern seiner Ver-
gangenheit eingeholt.
Seine strenge irisch-
katholische Erziehung
verkehrt sich ins Ge-
genteil mit wilden
Phantasien...**

Nooteboom , Cees
Die folgende Geschichte
1991 147 S. Suhrkamp
Br DM 12,80
ISBN 3-518-39000-7

Nooteboom, Cees
Der Ritter ist gestorben
151 S. Suhrkamp DM
36.-
ISBN 3-518-40815-1

Nothomb, Amélie
**Die Reinheit des
Mörders**
1995, 224 S., Br., Dio-
genes, DM 14.80
ISBN 3-257-22827-9
**Eine Satire auf den
Medienrummel im**

**Literaturbetrieb: Ein
83-jähriger Nobelpreis-
träger für Literatur hat
noch zwei Monate zu
leben. Als dies bekannt
wird, bemühen sich
Journalisten aus aller
Welt um ein Interview.
Fünf dürfen vorspre-
chen – doch wer inter-
viewt wen?**

OL
Angst essen Käse auf
1995, tw. farb. Cartoons
Knaur DM 16,90
ISBN 3-426-73048-0
Enhält *Lesung: Günter
Grass liest heute aus
dem Bauch...*

O'Shea, Patrick
**Die Meute der Morri-
gan**
1997 Fischer DM 16,90
ISBN 3-596-13446-3

Osborne, Richard
Philosophie
1996. 190 S. ill. W. Fink
DM 24,80
ISBN 3-7705-3113-2
**Eine Bildergeschichte
für Philosophie-Ein-
steiger gezeichnet von
R. Edney**

Peters, Elizabeth
**Ein todsicherer
Bestseller**
Ein Jacqueline Kirby
Krimi 1997 Econ Tb
DM 16,90
ISBN 3-612-25136-8
**Das Leben von Schrift-
stellern ist nicht ohne
Gefahren: Jacqueline
soll die Fortsetzung des
Bestsellers einer ver-
schwundenen Kollegin
schreiben, die sich dann
aber bei ihr meldet,
schreibend, Drohbriefe
diesmal...**

Palin, Michael
Hemingways Stuhl
1997. 317 S. Btb DM
15,-
ISBN 3-442-72132-6
Der Postassistent Martin Sproale führt ein prosaisches Leben mit einer literarischen Leidenschaft: Hemingway ist sein Vorbild. Ernest begleitet ihn in allen profanen Lebenssituationen. An ihm prüft Martin sein tägliches Standvermögen. Er kennt alle Lebensstationen seines Idols, das Entstehungsdatum von Kurzgeschichten und Romanen, Whisky- und andere Getränke-Vorlieben, Ehe- und Sexprobleme. Dann lässt sich eine Autorin im Ort nieder, um eine besondere Biografie über Hemingway zu schreiben...
Als das lokale Postoffice wegrationalisiert werden soll, kämpft er mit Hemingway *on his side* bis zum überwältigenden Finale.
E.H.-Fans: Gläser raus bei guter Unterhaltung, spannend und intelligent.

Pisani, Liaty
Der Spion und der Dichter
1997. 416 S. Diogenes Ln DM 44,- ISBN 3-257-06138-2
Warnungen aus dem Jenseits an den Dichter

Porter, Anna
Mord auf der Buchmesse
1997, 448 S. farb. u. s/w

Abb. geb. List DM 39,80
ISBN 3-471-78434-9
Die kanadische Autorin Anna Porter ist selbst Verlegerin – und schreibt Kriminalromane, wie diesen, bei dem es um ein Millionen-Lizenzdeal auf der Frankfurter Buchmesse geht, ein Literaturagent ermordet wird und die Verlegerin um ihr Leben fürchtet. Nicht zu Unrecht...

Radiguet, R.
Den Teufel im Leib
1997, 150 S. , AtV
DM 12,--
ISBN 3-7466-6019-X
Weltliteratur – von einem 17jährigen geschrieben

Rosendorfer, Herbert
Ein Liebhaber ungerader Zahlen
2. Aufl. 1997. 134 S. dtv
DM 12,90
ISBN 3-423-12307-9
Florius Fenix hat nach seinem großen Erfolg zwanzig Jahre nichts mehr veröffentlicht. Die literarische Welt wartete auf das neue Werk. Aber der Meister schwieg – und verschwand... Eine herrliche Parodie auf den Literaturbetrieb.

Saramago, J.
Das Todesjahr des Ricardo Reis
1996 rororo DM 18,90
ISBN 3-499-13911-1
Fiction über den portugiesischen Dichter der unzähligen Pseudonyme

Schertenleib, Hansjörg
Der Antiquar
Fischer Tb DM 14,90
ISBN 3-596-11494-2
„Eine Dunkelheit, wie sie zwischen den Sternen herrscht.": Wie war das Leben, das den Antiquar Arthur Dold bis zu jenem Tag geführt hatte als er sich diese Frage zu stellen wagte? Er beginnt eine Reise zu den Orten der Erinnerung. Analytisch kühle Poesie. Es lohnt sich.

Schimmang, J.
Ein kurzes Buch über die Liebe
1997. 316 S. Schöffling
DM 39,80
ISBN 3-89561-091-7

Schine, Cathleen
Rameaus Nichte
S. Hanser Gb DM 36,-
ISBN 3-446-17624-1
Literaturprofessorin entdeckt vergessenes Manuskript aus dem 18. Jahrhundert, hinter dem sich mehr als eine Sammlung von Zitaten von Diderot, Locke und Hume verbirgt.

Schine, Cathleen
Der Liebesbrief
1996 Hanser Gb DM 36,- ISBN3-446-18543-7
Attraktive Buchhändlerin wird durch den Liebesbrief eines Unbekannten verwirrt und findet sich in leidenschaftlicher Affäre mit einem zwanzigjährigen Studenten wieder. Wer aber ist wirklich der Briefschreiber?

Scott, John
Die Briefe der anderen Frau
1996 158 S. Aufbau Verlag Gb DM 34,-
ISBN 3-351-02373-1
Ist der pornographische Briefwechsel im Manuskript des Schriftstellers Chris ein Produkt seiner Phantasie oder Wirklichkeit? Er befindet sich im Koma, seine Frau in der Hölle und beider Freund hofft, das Ziel seiner Träume zu erreichen... Ein Plot, der 1996 als Film auf der Berlinale gezeigt wurde.

Sharpe, Tom
Der Renner
1997 Goldmann Tb
DM 20,--
ISBN 3-442-54019-4
Ein Literaturagent, der Autoren macht: Ein anonymes Manuskript braucht einen ahnungslosen Urheber, der schnell gefunden, aber entsetzt über den schockierenden Inhalt ist – nachdem das Buch schon auf den Bestsellerlisten steht. Ein satirischer Thriller aus der Welt der Autoren, Verlage und Agenten.

Shuo, Wang
Oberchaoten
1997. 272 S. Diogenes Ln DM 38,-
ISBN 3-257-06142-0
Persiflage auf die Literaturszene

Schlink, Bernhard
Der Vorleser
1997, 208 S., Br., Diogenes, DM 14.90
ISBN 3-257-22953-4
Nur ein Nebenthema im Buch, doch der Erinnerung wert: Bücher kann man auch vorlesen.

Sparschuh , Jens
Der große Coup
Die geheimen Tage- u. Nachtbücher des Johann Peter Eckermann
Kiepenheuer & Witsch
240 S. Br DM 18,80
ISBN 3-462-02502-3
Nicht nur für Goethe-Freunde: eine vergnügliche, teils bissige Betrachtung über Eckermanns Rolle im Meisterplan für die unsterblichen »Gespräche mit Goethe.«

Spencer, Scott
Das Pseudonym
Roman dtv DM 19,90
ISBN 3-423-20044-8
Sam träumt vom literarischen Durchbruch, inzwischen verdient er seine Brötchen mit Auftragsarbeiten, beispielsweise über UFOs. Und siehe: Das unter Pseudonym veröffentlichte Buch wird ein Bestseller...

Van Straaten, P.
Warum liegt mein Buch nicht neben der Kasse
Cartoons aus dem literarischen Leben 1995 Rotbuch Verlag
DM 12,90
ISBN 3-88022-470-6
Ja, warum nicht?!

Strittmatter, Erwin
Selbstermunterungen
Notizbuch
1995 122 S. AtV
DM 12,90
ISBN 3-7466-5405-X
Poetische Anmerkungen zum Schreiben, zu Mitmenschen, Zeiterscheinungen, Natur und Alter. Selbstermahungen, das kurze Schriftstellerleben befriedigend zu gestalten.

Süskind, Patrick
Drei Geschichten
144 S., Diogenes, Br., DM 5.-
ISBN 3-257-70008-3
Enthält die kurze Betrachtung *Amnesie in litteris* – »über die Vergeblichkeit allen Strebens nach Erkenntnis« – und die glaubwürdige Kritiker-Story *Der Zwang zur Tiefe,* allen Schreib- und anderen Künstlern zum Trost.

Tamaro, Susanna
Anima Mundi
352 S. Diogenes
DM 39,-
ISBN 3-257-06141-2
Romanautor sucht Sinn und Weg, über Umwege ins Kloster

Thompson, Colin
Für immer leben
1996. 40 S. Lappan Gb
DM 25,-
ISBN 3-89082-158-8
Buch-im-Buch illustriert. Anspruchsvoll: für Bücher-Eltern der beste Grund, Kinder für Bücher zu interessieren. Phantastische Illustrationen aus der Bücher-Welt.

Biblomania Hibernia

Nach mehrfachem Klopfen öffnete sich die Haustür einen schmalen Spalt. Eingang und Flur waren bis unter die Decke mit Büchertürmen zugestellt. In den Zimmern standen keine Möbel, nur mannshohe Stapel von Büchern, die bis in die Flure hineinwuchsen. Sogar die Fenster waren hinter den zugezogenen Vorhängen Reihen von Büchern verbarrikadiert. Im ganzen Haus gab es kein Tageslicht, nur einzelne Glühbirnen... Rodney behauptete, 3,8 Millionen Bücher zu besitzen – nicht etwa nur Paperbacks. Mit dem Handel von Paperbacks hatte er begonnen und später damit seine anspruchsvollere Büchersammlung finanziert.

Als er uns aus der erdrückenden Enge seines Hauses in den Garten des typischen Dubliner Vorstadt-Bungalows führte, standen dort 11 Holzhäuser in der Art von Garten- oder Wochenendhäusern. Jedes einzelne war wiederum bis unters Dach mit Büchern vollgepackt. Einige konnte man nicht betreten, weil sie bis zum Eingang in Länge und Breite zugestellt waren.

Dieser Zuwachs an Bauwerken wurde dann auch zu dem Punkt, an dem sich der Streit mit seinen unglücklichen Nachbarn entzündete. In einem langen Rechtsstreit unterlag er schließlich mit Kosten von 47.000 Pfund. Um die fristgerecht bezahlen zu können, war er gezwungen, sich von seiner Sammlung zu trennen. In Anzeigen kündigte er an, jedes Buch für 2.50 Pfund zu verkaufen. Das Interesse war so groß, daß sich schon morgens um halb vier eine Käuferschlange vor seinem Haus bildete – über 1.600 Bücherfreunde sollen in der ersten Woche zu ihm gepilgert sein.

Rodneys weitere Pläne? Mit dem verbleibenden Erlös wolle er ein neues Leben beginnen, sagte er, und »in Frankreich, mit einem heiratsfähigen jungen Mädchen, das Leben genießen!«

Wir haben ihn jedenfalls kein zweites Mal besucht, denn bei unserem ersten Treffen wollte er sich am Ende von keinem einzigen Buch trennen und bei seinem Ausverkauf hatte er ohnehin zwei Gruppen von Buchinteressenten ausgeschlossen: »Schwangere, die keine Chance haben, sich durch die engen Gänge zu zwängen« und alle Buchhändler, die ihn in den 30 Jahren seiner Sammelleidenschaft »zu viele Bücher weggeschnappt« hätten.

Aus: *Wo die Uhren anders ticken, Teil II* **von Gerhild Tieger**

Tieger, Gerhild
Wo die Uhren anders ticken Teil II
Mehr ehrliche Storys über das wahre Leben in Irland. 1997. 190 S. Autorenhaus-Verlag Plinke, DM 19,80
ISBN 3-9804980-3-4
Auch über Begegnungen mit irischen Buchhändlern und Sammlern und anderen Exzentrikern.

Torrington, Jeff
Schlag auf Schlag
1995. 463 S. Fischer DM 44,-
ISBN 3-10-079003-0
Als Fischer Tb DM 16,90
ISBN 3-596-13595-8
Thomas schreibt Romane, die keiner lesen will. Dann versetzt er auch noch die Schreibmaschine. Das Manuskript, von »Narben und blauen Flecken« entstellt, die es sich »während der vielen Tage, Wochen und Monate... in den Seufzerstapeln verschiedener Verlage« geholt hat, vollendet er nun handschriftlich. Eine Chronik des Untergangs des Glasgower Arbeiterviertels Gorbals

Tyler, Anne
Die Reise des Mr. Leary
1997 Econ DM 16,90
ISBN 3-612-27324-1
Reiseschriftsteller, der das Reisen haßt und schließlich einen neuen Lebensweg findet. Originell, witzig und Ann Tyler.

Vollmann, R.
Die wunderbaren Falschmünzer – Ein Roman-Verführer
1800-1930
1083 S. Dünndruckausg. Eichborn 78,-DM
ISBN 3-8218-4462-0

Die Welt im Trüben
Vom Fischen und Dichten. Hrsg. v. Manfred Mixner.
1997. 160 S., zahlr. Fotos, Hln, Eichborn DM 48,- ISBN3-8218-0656-7
Dichter beim Angeln – von Fischen.

Widmer, Urs
Indianersommer
1997. 80 S. Diogenes Br. DM 12,90
ISBN 3-257-21847-8
Fünf MalerInnen und ein Schriftsteller

Widmer, Urs
Das Paradies des Vergessens
1992, 112 S., Br., Diogenes, DM 12.80
ISBN 3-257-22513-X
Sportliche Verleger tummeln sich auf Fahrrädern, Autoren keuchen hinter ihnen her und verlieren ihre Manuskripte, brave Töchter aus gutem Haus holen auf und werden Politikerinnen... Urs Widmer nimmt den Literaturbetrieb gekonnt auf die Schippe.

Wieninger, Peter R.
Die Spur der Katzen
Roman, 1996. 219 S. geb. Reclam, DM 36,-
ISBN 3-379-00756-0
Das *Book of Kells*, Irlands Nationalschatz,
birgt ein Geheimnis, das seit keltischen Tagen seiner Entschlüsselung harrt: Ein Thriller der Gegenwart mit historischen Bezügen – zum Verschlingen. Gut ausgestatteter Debutroman des Wiener Autors.

Yalom, Irvin D.
Und Nietzsche weinte
1995 Btb Tb DM 18,-
ISBN 3-442-72011-7
Die Personen sind authentisch, die Handlung fiktiv: F.W. Nietzsche, der selbstmordgefährdete noch nicht berühmte Philosoph und Josef Breuer, der Arzt, der ihm helfen soll. Dazu die beiden Frauen, denen sie verfallen waren und von denen sie sich durch eine Redetherapie gegenseitig heilen. Breuer bleibt dem Bürgertum als berühmter Internist erhalten, Nietzsche geht in die Einsamkeit, um Zarathustra zu gebären. Yalom, der Psychiatrie in Stanford lehrt, gelingen überzeugende, fiktive Dialoge.

Yoshimoto, Banana
N.P.
1995, 192 S., Br., Diogenes, DM 14.80
ISBN 3-257-22790-6
Die 98. von 100 Geschichten ist das Vermächtnis eines Dichters an seine Geliebte. Junge Intellektuelle führen ein Instant-Life voller Lebenshunger und Sehnsucht nach Liebe.

Im Literaten-Café

Zeichnung von Jupo

— „Schreiben oder nicht Schreiben: das ist die Frage dieser trostlosen Zeit!"
— „In Ihrem Fall, Verehrtester: bitte — das Letztere!"

Kauft
Literatur in *Zeitschriften*!

Dies ist ein ganz unverhüllter Aufruf, Literatur in Zeitschriften zu kaufen, geschrieben und gestaltet von Meistern und Dilettanten, aufwendig produziert oder billig gedruckt, farbig oder schwarz-weiß sind sie (fast alle) bunt und lebendig, manche verrückt, einige ironisch und humorvoll – was etwas heißen will im deutschen Literaturbetrieb. Wen ein Titel aus unserer Liste anspricht, der sollte nicht lange zögern, den *Fünfer* oder *Zehner* lockerzumachen und ein Heft anfordern, bitte gleich Porto dazurechnen. Literaturzeitschriftenverleger sind Enthusiasten und Idealisten, auch Studenten, die nach Feierabend und am Wochenende viel tun – für deutschsprachige Literatur, für uns Leser und für so manche Autoren, die hier ihre erste Öffentlichkeit finden. Etliche dieser Ambitionierten mussten in den vergangenen Jahren aufgeben, weil das Geld gar zu knapp wurde, oder sie ihrem *baby* nicht mehr die nötige Zeit widmen konnten. So werden gelegentlich Literaturzeitschriften ungeplant zu echten Sammlerexemplaren. Wenn das keine rationale Kaufmotivation ist... Also Leute: Kauft Literatur in *Zeitschriften!*

Akzente
Carl Hanser Verlag
Kolberger Str.22
81679 München
Etablierte Literaturzeitschrift, im Buchhandel.

Am Erker
Zeitschrift für Literatur
Rudolf Gier, Dahlweg 64
48153 Münster
Erscheint 2x im Jahr, 4
Hefte im Abo 40 DM,
Literarisches, Interviews,
Rezensionen – immer lesenswert!

das boot
Blätter für Lyrik der
Gegenwart
Grethe Wassertheurer
Postfach 2229
71384 Weinstadt
Erscheint vierteljährlich,
A5-Format, Abo 40DM.

Brückenschlag
Zeitschrift für Sozi-
alpsychiatrie, Literatur,

Kunst
Paramus Verlag der
Brücke Neumünster e.V.
Ehndorfer Str. 15-17
24537 Neumünster
1x im Jahr, A5-Format,
farb. Kunstdrucke, ca 20
DM – hervorragend.

Büroklammer
Informationen -
Notizen - Berichte
Westfäl. Literaturbüro
Friedrich-Ebert-Str. 97
59425 Unna
4x im Jahr, Format A4,
Abo 25 DM, kompetent.

Chiffre
Zeitschrift für Literatur
u. andere Hirngespinste
Nicolai Kobus
Hafenstr. 45
48153 Münster
Zwei Ausgaben im Jahr,
Format A4, Einzelheft
7,50 DM – ungewöhn-
lich, auch mit zweispra-
chigen Texten

Decision
Zeitschrift für deutsche
u. französische Literatur
Stephanie Weh
Postfach 651180
22371 Hamburg
Erscheint 4x im (9.) Jahr,
Format A5 – Prosa &
Lyrik, dt.-frz. Themen.

Einblick
Michael Schönauer
Lehenstr.33
71679 Asperg
Social Beat Magazin im
Taschenbuch-Format,
1 - 2x jährlich

Eiswasser
Zeitschrift für Literatur
Marco Sagurna
Annabergstr. 7
49377 Vechta
Im Auftrag der Rolf-
Dieter-Brinkmann-Ges.
herausgegeben, 2x jähr-
lich, A4, Abo 18 DM.

Entwürfe für Literatur
Reichenbachstr. 122
CH 3004 Bern
4x im Jahr, A4, Abo
55sFr, anspruchsvoll.

Erostepost
Literaturhaus Eizenber-
gerhof Strubergasse 23
A-5020 Salzburg
Zwei Ausgaben im Jahr,
A4-Format, 6 DM das
Heft – erscheint im Lite-
raturhaus Salzburg.

Fluchblatt
der Grinsenden Spinne
Literatur am seidenen
Faden
H. Niemeyer-Lemke
Huttenstr. 3
10553 Berlin
Erscheint als Literatur-
Beilage der neuen Lieb-
lingszeitung in Berlin:
Lyrik, Prosa, Kritik im
Zeitungsformat.

Freibord
Zeitschrift für Literatur
und Kunst
Gerhard Jaschke
Postfach 281
A-1181 Wien
4x im Jahr, Abo 50 DM
– umfangreich, unge-
wöhnlich, überraschend.

Das Gedicht
Anton G.Leitner
Postfach 1203
82231 Weßling
Das Lyrikforum im
Buchformat, für 18
Mark.

Gegengift
Zeitschrift für Politik
und Kultur
Michael Ludwig
Raiffeisenstr. 24
85276 Pfaffenhofen/Ilm

22 Ausgaben im (8.)Jahr,
Format A5, 3 DM – eher
ein politisches Magazin.

Gegenwind
Zeitschrift für Literatur
Barbara Aigner
August-Vetter-Str. 71
86157 Augsburg

Gossenheft
Krash Verlag
Jülicher Str.24
50674 Köln
Etwa 3 Heftchen (je 5 bis
6 Mark) im Jahr, die es
in sich haben...

GrauZone
Zeitschrift über neue
Literatur
Baslerstr. 115a
79115 Freiburg
4x jährlich, Format A4,
Abo 24 DM, sehr inter-
essant, kompetent!

Die Horen
Zeitschrift für Litera-
tur, Kunst und Kritik
Wirtschaftsverlag NW
Verlag für Neue Wissen-
schaften GmbH
Postfach 101110
27511 Bremerhaven
4 x jährlich im Buchfor-
mat, 55 DM Abo –
hoher Anspruch

Hundspost
Zeitung für die literari-
sche Gegenwart
Christian Buhl
Gojenbergsweg 99
21029 Hamburg
Erscheint im Zeitungs-
format dreimal im Jahr,
Förderabo 40 Mark –
Gute Mischung: Prosa,
Lyrik & Literaturbetrieb.

IGdA-aktuell
Zeitschrift für Literatur,
Kunst u. Kritik

Hochschildstr. 16
60435 Frankfurt a.M.
Mitglieder-Zeitschrift
Format A4, 3 Ausgaben
jährlich, Abo 28 Mark

Impressum
Bruno Runzheimer
Nahestr. 8
45219 Essen
Vierteljährlich, A4, Abo
40 Mark, ehemals Wint-
jes Heft, heute gut

Der Innere Raum
Zeitschrift für Literatur
und Kunst
Ingo Hut
Eupener Str. 81
52066 Aachen
Zweimal jährlich, A5,
DM 6, Illustr., sorgfältig
ausgesuchte Prosa, Lyrik

Janus
Zeitschrift für Literatur
und Bild
Dirk Reiff
Tempelhofer Damm 148
12099 Berlin
Erscheint 2x im Jahr,
Format A5, Abo 4 Hefte
36 DM – Lyrik, Prosa,
künstlerische Bilder.

Jederart
Essener Zeitschrift für
Lyrik und Prosa
Eka Kempkes
Hessenbleek 9
42579 Heiligenhaus
Aufwendig gestaltete
A4-Jahres-Zeitschrift, 10
DM – spektakulär.

Kaleidoskop
Jørn Morisse
Mühsamstr. 73 (HH)
10249 Berlin
Jährlich, A4 für 6 DM
Das wilde Social Beat-
Magazin der ALO *(Au-*
ßer Literarische-
Opposition) mit Comics.

Konzepte
Literatur zur Zeit
Ralf Bönt
Emanuelstr. 2
10317 Berlin
2x im Jahr, Format A5,
Einzelpreis 13 DM.

Kopfgeburten
Das Themenzine für
phantastische Literatur
Jürgen Thomann
Breslauer Str. 18
79576 Weil am Rhein
Alle 6-8 Monate, A4,
Abo für 3 Hefte 21 DM -
phantastisch...

Kopfzerschmettern
Fanzine für Hardcore-
poesie u. Metallyrik
R.Richter
Friedrich-Engels-Str .23a
63452 Hanau
Unregelmäßig,, A 5, DM
4 – Underground-Heft.

Krachkultur
Literaturzeitschrift
Bunte Raben Verlag
Fabian Reimann
Steinbergshörner Str. 18
27624 Lintig-
Meckelstedt
Erscheint unregelmäßig
seit 1993, A5, DM 5, die
sie wirklich wert ist.

Lebensbaum
Literarische Zeitschrift
für Natur-Bewußtsein
Erwin Bauereiß
Markgrafenstr.21
91438 Bad Windsheim
2x im Jahr (zur Sommer-
u. Winter-Sonnenwende)
DM 5 pro ill. A5-Heft.

Lesedition
Walter Schwarzmüller
Stumpergasse 40/4
A-1060 Wien

Lillegal
Literaturzeitung
Stefan Voithofer
Bayerhamer Str. 53 a
A-5020 Salzburg
Umfangreich, A4, 3x im
Jahr, Abo 30 DM - litera-
risch, satirisch, kritisch.

Lima
Literarisches Magazin
Texte junger Autoren
Rudolf Schäfer
Im Soestkamp 4
59269 Beckum
Seit 1995 - 2 Ausgaben,
A5-Format, Abo 10 DM

Der Literat
Fachzeitschrift für Lite-
ratur und Kunst
Inka Bohl
Postfach 2129
65812 Bad Soden
Format A4, 11x im (38.)
Jahr, DM 7,50 pro Heft –
lang eingeführte Litera-
turzeitschrift.

Literatur
am Niederrhein
Zeitschrift für Literatur
niederrhein. Autoren
Klaus Ulrich Düsselberg
Dreikönigenstr. 146
47798 Krefeld
Erscheint 3 x jährlich,
groß-A5, ill., Einzelheft
6 DM, Abo 12 DM

Lettre International
Europ. Kulturzeitung
Rosenthaler Str. 13
10119 Berlin
4 x jährlich 56 DM
Großformat, anspruchs-
volle Intellektuellenzeit-
schrift

Literatur aus
Österreich
Texte zeitgen. Autoren
NÖ Bildungs- u. Hei-
matwerk - Arge Literatur

Wipplingerstr. 13/5
A 1010 Wien
6x im (40.) Jahr, gr.A5,
Abo 36 DM, Lyrik &
Prosa aus Austria.

Der Literatur-Bote
Hessisches Literaturbüro
im Mousonturm
Waldschmidtstr.4
60316 Frankfurt a.M.
Vier Ausgaben im (11.)
Jahr, groß-A5-Format,
30 DM – anspruchsvoll.

Log
Zeitschrift für inter-
nationale Literatur
Lev Detela
Donaustadtstr.30/16/16
A-1220 Wien
A5-Hefte, 4x jährlich,
Abo 35 Mark – Lyrik u.
Prosa europ. Autoren.

Manuskripte
Zeitschrift für
Literatur
A.Kolleritsch
Forum Stadtpark
Stadtpark 1
A-8010 Graz
Umfangreich, A4, 4x im
Jahr – Top-Zeitschrift

Muschelhaufen
Illustrierte literarische
Jahresschrift
Erik Martin
Hospitalstr.101
41751 Viersen
36 Ausgaben im A5-
Format auf Kunstdruck-
papier für Abos mit num.
sign. Kunstbeil. 20 DM.

ndl - Neue Deutsche
Literatur
Zeitschrift für deutsch-
sprachige Literatur und
Kritik
inter abo-Betreuungs
GmbH, Postf. 360520,
10975 Berlin

Format A5, Einzelheft 18, Abo100 DM – erscheint seit 1953, fast 500 Hefte bislang!

Orte
Schweizer Literatur-Zeitschrift
Irene Bosshart,
Werner Bucher
Wirtschaft Kreuz
CH-9429 Zelg Wolfh.
100 Ausgaben Lyrik u.
Prosa, A5, jährlich 5x,
Abo 55sFr – die sich
lohnen

Passauer Pegasus
Zeitschrift für Literatur
Karl Krieg
Wörthstr.8
94032 Passau
Erscheint 2x im (13.)
Jahr, A5, 9 Mark pro
Heft – Lyrik und Prosa.

Perspektive
Hefte für zeitgenössische Literatur
Helmut Schranz
Rottalgasse 4/30
A-8010 Graz
oder: Ralf B. Korte
Lenbachstr. 22
10245 Berlin
Halbjährlich, A4, Abo
16 DM – anspruchsvolle,
experimentelle Texte.

Der Rabe
Magazin für jede Art von Literatur
Haffmans Verlag
Heinrichstr. 267
CH-8037 Zürich
Erscheint 3-4x im Jahr
als Taschenbuch mit
Schwerpunktthemen –
macht Spaß, hat Witz.

Rabenflug
Literatur, Kunst, Geschichte
Evelyn Von Bonin

Herminenstr.7
65391 Wiesbaden
Halbjährlich, A4, Abo 12
DM, Lyrik, Prosa, Gegenwartsdichtung und
frühere Literatur.

Schreibheft
Rigodon Verlag
Nieberdinger Str. 18
45147 Essen

Scriptum
Das Schweizer Literaturmagazin
Walter Eigenmann
Postfach 252
Ch-6023 Rothenburg
4x im Jahr im A4-Format
Erstveröffentlichungen,
Literaturbetrieb, Satire.

Sinn und Form
Abos über: Tableau Zeitschriftenservice
Greifswalder Str. 9
10405 Berlin
49.Jahrgang, zweimonatlich, Abo DM 64,20

Sprache im Technischen Zeitalter
Literarisches Colloquium
Berlin
Am Sandwerder 5
14109 Berlin
Seit 1961, vierteljährlich,
»gehört zu den repräsentativen deutschsprachigen Literaturzeitschriften«, sagt das LCB.

Stint
Zeitschrift für Literatur
Uhlandstr.43
28211 Bremen
2x im Jahr, A5, Abo 25
Mark, illustriert, anspruchsvoll.

Text+Kritik
Zeitschrift für Literatur
Postfach 800529
81605 München

Einzelhefte im Buchhandel, Abo 68 DM für 4
Ausgaben – je einem
Autoren gewidmet, anspruchsvoll.

Unke
Josef K. Uhl
Bäckergasse 3
A-9020 Klagenfurt
Erscheint »unperiodisch«
seit 25 Jahren(!) im
Großformat als Mega-
Literaturzeitschrift.

VENTiLE
Redakzjon
Dr Treznok,
Marcus Weber
Binger Str. 7
55116 Mainz
Als handkolorierte A4-
Normalausgabe 10 Mark,
Vorzugsausgabe *mit
deutlich mehr Gimmicks*
um die 50 Mark. Befriedigt auch den Tastsinn...

Vergammelte Schriften
*zeitschrift für social beat
& underground-litertur
aus I.E.*
Wolfram Teufel
Feuerbachstr. 8
04108 Leipzig
Vvierteljährlich, A4,
Abo 15 Mark – frech &
enthusiastisch

Virginia Frauenbuchkritik
Anke Schäfer Verlag
Postfach 5266
65042 Wiesbaden

Wandler
Zeitschrift für Literatur
Oliver Gassner
Am Briel 51c
78467 Konstanz
Halbjährlich, A5, Abo: 4
Hefte 20 Mark – Lyrik,
Prosa, Illustrationen,
gerne gelesen.

Neues aus der Welt der Bücher

„Anspruchsvoll und
dennoch populär:
Es stehen Rezensionen
drin, Portraits, Nach-
richten, Hintergrund-
geschichten,
geschrieben von
Autoren, sorgfältig
recherchiert und
redigiert, immer am
Puls der Zeit."
DIE WOCHE

In Ihrer Buchhandlung
oder im ABO direkt
per Post:
DM/sFr 36,– /öS 280,–
Bestellungen
an Verlag Buchkultur
A-1180 Wien,
Währinger Str. 89
fax: +43/1/405 15 95-10

Foto: p-Bild/pictor

Wienzeile
Viza-Literatur-
förderungsverein
Antonigasse 54/19
A-1090 Wien
Vierteljährlich, Format
A4, DM 7,50 – tolle
Themenhefte.

Wortwahl
*Zeitschrift für kreative
Literatur*
Faustkeil Verlag
Postfach 7013
24170 Kiel
4x jährlich, A5, Abo 35
DM - Lyrik u. Prosa, Le-
seprobe anfordern

**Z - Zeitschrift für Kul-
tur- u. Geisteswissen-
schaften**
Martin Huismann
Querstr. 26
30519 Hannover
3x jährlich, A5, Einzel-
heft 6 DM – seit 1992
studentische Arbeiten
u.a. aus Literatur- und
Sprachwissenschaften –
lohnt sich, auch im
Buchhandel erhältlich.

Zeichen und Wunder
*Vierteljahresschrift für
Kultur*
Hubert Brunträger
Grüneburgweg 89
60323 Frankfurt a.M.
Erscheint seit 10 Jahren,
Format A5, Abo 32 DM
Prosa, Lyrik, Grafiken.

Zibaldone
*Zeitschrift f. italienische
Kultur d. Gegenwart*
Rotbuch Verlag
Parkallee 2
20144 Hamburg
Erscheint halbjährlich als
ill. Taschenbuch mit
Streifzügen ins Kulinari-
sche – für den Preis einer
guten Flasche Rotwein.

Fachzeitschriften:

**Börsenblatt für den
Deutschen Buchhandel**
Verbandsorgan des Bör-
senvereins
erscheint 2x wöchent-
lich,
Jahresabo. 769,20 DM
Postfach 100442
6004 Frankfurt

Buchhändler heute
11 Ausg. jährlich
Jahresabo 121 DM
Triltsch Verlag
Herzogstr. 53
40215 Düsseldorf

Buchreport
erscheint wöchentlich
Jahresabo 703,80 DM
Königswall 21
44137 Dortmund

BuchMarkt
Buchhandelsmagazin
Jahresabo 467,74 DM,
für den Buchhandel
369,15 DM
Sperberweg 4a
40668 Meerbusch

Informationsdienst

kress report
alle 14 Tage auf Papier
und täglich im Internet
(http://www.kress.de)
Abo 264 DM zzgl Porto
KR-Verlags GmbH
Seegarten 24
69190 Walldorf

*Sonstige Buchzeit-
schriften*

buch aktuell
Kundenzeitschrift
im Buchhandel
Harenberg Verlag

Buchjournal
Kundenzeitschrift
im Buchhandel
Buchhändler-Verein.

Buchkultur.
Der Sinn des Lesens.
7 Hefte im Jahr
Jahresabo 42 DM
Währinger Str. 104
A 1180 Wien

LesArt
erscheint vierteljährlich
als anspruchsvollere
Kundenzeitschrift
Jahresabo 20 DM
Protext-Verlag
Postfach 310162
53201 Bonn

Myosotis
Zeitschrift f. Buchwesen
2x jährl. Abo 40 DM
R. Reinhold
Leibnizstr. 5
55118 Mainz

Die neuen Bücher
Kundenzeitschrift
im Buchhandel
Rossipaul Medien

Page
Publizieren und Präsen-
tieren mit dem PC
12 x im Jahr 132 DM
inter abo / Page
Postfach 103245
20022 Hamburg

Philobiblion
Eine Vieteljahresschrift
für Buch- und Graphik-
sammler Abo 148 DM
Verlag Dr. E Hauswedell
Rosenbergstr. 113
70193 Stuttgart

TaschenbuchTip
Einzige Taschenbuch-
zeitschrift, 2x jährlich,
im Buchhandel
Rossipaul Medien

Wörterbücher

Agricola, Erhard
Wörter und Wendungen
Wörterbuch zum deutschen Sprachgebrauch
Bibliograph. Inst.
1992 DM 32,90
ISBN 3-411-05281-3

Bertelsmann Herkunftswörterbuch
570 S., DM 29,90
ISBN 3-577-10648-4

Bertelsmann Synonymwörterbuch
650 S., DM 29,90
ISBN 3-577-10647-6

Best, O. F.
Handbuch Literarischer Fachbegriffe
Definitionen und Beispiele
1994, 620 S., Fischer
DM 26,90
ISBN 3-596-11958-8

Brockhaus Wahrig
Deutsches Wörterbuch
in 6 Bänden, rd 5300 S.
geb. Brockhaus
DM 888,-
ISBN 3-7653-0710-6

Buscha, Joachim
Lexikon deutscher Konjunktionen
Enzykl:/Langenscheidt,

1989 DM 23,80
ISBN 3-324-00486-1

Busse, Ulrich
Anglizismen im Duden
Eine Untersuchung zur Darstellung englischen Wortguts in den Ausgaben des Rechtschreibdudens von 1880-1986.
1993, XVI,328 S. Niemeyer, Kt., DM 162,-
ISBN 3-484-31139-8

Demetz, Hanspeter
Lexikon Südtirolerisch - Deutsch
Wörterbuch und Übersetzungshilfe für Fremde, Touristen und Zugereiste.Edition Raetia, 1996 DM 9,80
ISBN 88-7283-089-3

Deutsch-Deutsches Rechtswörterbuch
Beck, 1991 DM 42,-
ISBN 3-406-34944-7

Deutscher Wortschatz
Tischversion (Bookman)
Franklin Electr.DM 179,-
ISBN 1-56712-195-0

Deutscher Wortschatz
mit integriertem Taschenrechner (Bookman)
Franklin Electr.DM 169,-
ISBN 1-56712-153-5

Die deutsche Sprache
Wörterbuch, Rechtschreibkunde und Briefratgeber 1983 DM13,80
Naumann & Göbel,
ISBN 3-625-10002-9

Deutsches Wörterbuch
Auf der Grundlage der neuen amtlichen Rechtschreibregeln (Der kleine Duden; Bd 1) 4. Aufl.
DM 15,90
ISBN 3-411-04664-3

Duden Bd 1:
Die deutsche Rechtschreibung
21. Aufl., 1996, Bibliograph. Inst., DM 38,-
ISBN 3-411-04011-4

Duden Bd 9:
Richtiges und gutes Deutsch
Zweifelsfälle der deutschen Sprache von A bis Z. 4. Aufl. 1997 Bibliograph. Inst. DM 38,-
ISBN 3-411-20909-7

Duden.
Das grosse Wörterbuch der deutschen Sprache in acht Bänden.
2. vollst. neubearb. u. stark erw. Aufl. 1995, Bibliograph. Inst., DM 632,-
ISBN 3-411-04732-1

Duden
Deutsches Universalwörterbuch A – Z.
3. neubearb. Aufl. 1996 Bibliograph. Inst. DM 59,90
ISBN 3-411-05503-0

Duden
Deutsches Universalwörterbuch A – Z.
Software auf CD-ROM
Version 2.0, 1997 Bibliograph. Inst DM 98,-
ISBN 3-411-05479-4

Grimm, Hans J.
Lexikon zum Artikelgebrauch
Langenscheidt, 1988
DM 23,80
ISBN 3-324-00149-8

Grimm, J./ Grimm, W.
Deutsches Wörterbuch
Hirzel, S, Leipzig
DM 9800,-
ISBN 3-7401-0000-1

Grimm, J./ Grimm, W.
Deutsches Wörterbuch
Benutzeranleitung
Hirzel, S, Leipzig, 1965
DM 5,-
ISBN 3-7401-0073-7

Grimm, J.;Grimm, W.
Deutsches Wörterbuch
32 Bände, 1 Bd Quellen-
verz. ca 35 000 S. dtv
Kassettenausg. DM
1200,-
ISBN 3-423-05945-9

Grün, Heinrich
Sex ist gut fürs Denken
Der erotische Zitaten-
schatz
1997. 96 S. geb. Eich-
born DM 19,80
ISBN 3-8218-3472-2

Helbig, G./ Helbig, A.
Lexikon deutscher
Modalwörter
Langenscheidt, 1993
DM 23,80
ISBN 3-324-00550-7

Helbig, Gerhard
Lexikon deutscher
Partikeln
Langenscheidt, 1988
DM 23,80
ISBN 3-324-00310-5

Helbig, G./ Schenkel, W.
Wörterbuch zur Valenz
und Distribution deut-
scher Verben
Niemeyer, 8. Aufl.
1991 DM 39,80
ISBN 3-484-10456-2

Hexaglot Deutsch
Korrekt plus
HEXAGLOT, 1997 DM
79,- ISBN3-931535-35-5

Hexaglot Deutsch
Korrekt pocket

Handheld. HEXAG-
LOT, 1997. DM 149,-
ISBN 3-931535-28-2

Hübner, Friedhelm
Deutsches Wörterbuch
- Fremdwörterbuch
Regeln und Schreibwei
sen der neuen Recht-
schreibung
Bassermann, 1997 DM
10,- ISBN3-8094-0428-4

Kaeding, F. W.
Deutsches Häufigkeits-
wörterbuch
Danowski Bialog-
ard, (Reprint d. Ausg.
1898) 1998 DM 3200,-
ISBN 83-7176-824-9

Kehrein, Joseph
Onomatisches
Wörterbuch
Olms, (Nachdr. d. Ausg.
Wiesbaden 1863) 1974
DM 298,-
ISBN 3-487-05091-9

Kluge, Friedrich
Etymologisches Wör-
terbuch der Deutschen
Sprache
de Gruyter, 23. erw.
Aufl. 1995 DM 78,-
ISBN 3-11-012922-1

Knaurs Grosses Wör-
terbuch der deutschen
Sprache
Droemer Knaur, 1986
DM 48,-
ISBN 3-426-26258-4

Lokotsch, Karl
Etymologisches Wör-
terbuch der Amerika-
nischen Wörter im
Deutschen
Danowski Bialog-
ard, (Reprint d. Ausg.
1926) 1998 DM 1999,-
ISBN 83-7185-595-8

Lorenz, Dieter
Mini-Grammatik
Deutsch für Gymnasium
und Realschule. pb-
Vlg, 1986 DM 4,80
ISBN 3-89291-506-7

Muthmann, Gustav
Phonologisches Wör-
terbuch der deutschen
Sprache
1996, Niemeyer,
DM 168,-
ISBN 3-484-31163-0

Muthmann, Gustav
Rückläufiges deutsches
Wörterbuch
Handbuch der Wortaus-
gänge im Deutschen, mit
Beachtung der Wort- und
Lautstruktur
Niemeyer, 2.Aufl. 1991
DM 124,-
ISBN 3-484-10673-5

Paul, Hermann
Deutsches Wörterbuch
9. Aufl. 1992 Nie-
meyer, DM 76,-
ISBN 3-484-10679-4

Paul, Herrmann
Deutsches Wörterbuch
CD-ROM-Ausg.
1994 Niemeyer DM 78,-
ISBN 3-929510-15-4

Paul, Herrmann
Deutsches Wörterbuch
Wissen auf Knopfdruck.
Für Apple CD-ROM
1993 Niemeyer DM 58,-
ISBN 3-929510-06-5

PONS Junior
Illustriertes Wörter-
buch Deutsch
1994. Ill. v. G. Chmie-
lewski, Klett DM 34,80
ISBN 3-12-517630-1

14 von 27 möglichen
eiber- **Reimen aus**
Heynes Reim Lexikon:

Schreiber haben müde
Leiber
Vielschreiber und Zeit-
schreiber
fliehen ihre Antreiber
Stadtschreiber
dagegen sind Herum-
treiber
nicht selten auch Quer-
treiber
mit PC und mit Kugel-
schreiber.
Nur der Fernschreiber
ist ein ehrlicher Ab-
schreiber
kein Preistreiber
sondern ein Sitzenbleiber
für sich allein und ohne
W-eiber.

Pössiger, Günter
Das große Reimlexikon
Wer dichten will, muß
Reime finden
1996.767 S. Heyne Tb
DM 16,90
ISBN 3-453-11793-X

Puntsch, Eberhard
Das große Handbuch
der Zitate
1997, 1056 S. gebd. Si-
gna DM 25,-
ISBN 3-332-00818-8
In 42 Kapiteln mit je-
weils zahlreichen Un-
terkapiteln gruppiert
findet der Suchende
Schreiber 10500 Zitate:

In den Wörterbü-
chern gibt es abge-
brauchte Wörter, die
auf den großen
Schriftsteller warten.,
der ihnen ihre Ener-
gie zurückerstattet.
Rivarol

Read, P. K./Bartsch, A.
Film-Talk
(V.M.L.), 1993 DM 84,-
ISBN 3- 929631-00-8
Schmitthenner, F. **Deut-**
sches Wörterbuch für
Etymologie, Synony-
mik, Orthographie
Danowski Bialog-
ard, (Reprint d. Ausg.
1834) 1997 DM 3500,-
ISBN 83-7176-438-3

Schönfeld, Eike
Alles easy
Ein Wörterbuch des
Neudeutschen Beck, 2.
Aufl. 1995 DM 14,80
ISBN 3-406-39226-1

Schottelius, Justus G.
Ausführliche Arbeit
Von der Teutschen
HaubtSprache
Niemeyer, M, 2. Aufl.
1995 zus DM 358,-
ISBN 3-484-16008-X

Schroedel Kompakt-
Wörterbuch
Die neue Rechtschrei-
bung für alle - leicht gemacht. PC-Version Sy-
sthema, 1996 DM 29,90
ISBN 3-634-22402-9

Schröder, Jochen
Lexikon deutscher
Verben der Fortbewe-
gung
Langenscheidt, 1993
DM 26,80
ISBN 3-324-00603-1

Schröder, Jochen
Lexikon deutscher
Präfixverben
Langenscheidt, 1992
DM 23,80
ISBN 3-324-00595-7

Schröder, Jochen
Lexikon deutscher
Präpositionen
Langenscheidt, 1986
DM 23,80
ISBN 3-324-00007-6

Schweizer, J.C.
Wörterbuch: Fremd-
wörter in die deutsche
Sprache aufgenommen
Danowski Bialog-
ard, (Reprint d. Ausg.
1823) 1997 DM 3500,-
ISBN 83-7176-575-4

Seifert, Wilfried
Ein kleines Wörterbuch
für den Journalisten
Und für alle, die viel
schreiben müssen
1993 DM 25,-
ISBN 3-901227-01-6

Stiehl, Ulrich
Satzwörterbuch des
Buch- und Verlagswe-
sens.
Dictionary of Book Pub-
lishing. Dt.-Engl. With
12000 sample sentences
and phrases. 1977.
XX,538 S. Saur, Lin DM
198,-
ISBN 3-7940-4147-X

Taschentext
Der Rechtschreiber
Franklin Electronic DM
98,-
ISBN 1-56712-188-8

Taschentext
Deutsche Synonyme
Franklin Electr DM 98,-
ISBN 1-56712-121-7

Textor, A.M.
Sag es treffender.
12. Aufl. 1993. 448 S.
Heyer, Efal DM 32,-
ISBN 3-920454-17-0

Nachschlagewerke

ABC des Buchhandels.
Wirtschaftliche, techni-
sche und rechtliche
Grundbegriffe des her-
stellenden und verbrei-
tenden Buchhandels.
9. Aufl. 1997. ca. 250 S.
Krick Kt ca DM 36,-
ISBN 3-89694-204-2

**Adressbuch des Buch-
handels Berlin Bran-
denburg 1996.**
Hrsg. v. Bluhm, Detlef
/Kobs, Marion /Zirk,
Heinz. 1996. 192 S. Ver-
band d. Verlage u. Buch-
handlungen Berlin-
Brandenburg Br DM 98,-
ISBN 3-9803698-2-X

**Adreßbuch für den
deutschsprachigen
Buchhandel 1997/98**
Band 1: Verlage
Band 2: Buchhandlungen
Band 3: Organisationen
Buchhändler-Verein.
Zus. DM 188,--
ISBN 3-7657-1993-5
Als CD-ROM: DM 268,-
ISBN 3-7657-1997-8

Abiturwissen Deutsch.
Hermes, Eberhard: Deut-
sche Literatur. Autoren -
Werke - Epochen. 3.
Aufl. 1995. 195 S. Klett
Kt DM 27,90

ISBN 3-12-929528-3

**Autorenlexikon
deutschsprachiger
Literatur des
20. Jahrhunderts**
rororo Tb DM 29,90
ISBN3-499-16355-1

**Bibliographisches Le-
xikon der utopisch-
phantastischen Litera-
tur.** 1984. Stand: 1997.
Corian Grundw. mit 50.
Erg.-Lfg 9 Ord DM 825,-
ISBN 3-89048-500-6

**CD Biblio 1997/98
Über 1.000.000 Titel
im direkten Zugriff**
in Vorber. 1997 Buch-
händlervereinigung ca
DM 40,-

Die Deutsche Literatur.
Biographisches und bi-
bliographisches Lexikon.
Reihe IV: Die deutsche
Literatur zwischen 1720
und 1830. Abt. A: Auto-
renlexikon. Bd 1: Liefe-
rung 1 ff. 1997. ca. 290
S., ca. 40 Abb. Ln
Frommann-Holzboog
Bei Abn. d. Gesamtw.
96,- DM 104,-
ISBN 3-7728-1757-2

**Deutsches Jahrbuch für
Autoren. Wie ich den
richtigen Verlag finde
oder mein Buch selbst
verlege.**
Autoren-Ratgeber mit
Anschriften von Verla-
gen, Branchen- und Lite-
raturorganisationen, Literaturzeitschriften und
Literaturpreisen.
1997. 268 S., 18 Abb.
Autorenhaus-Verlag
Plinke, DM 36,-
ISBN 3-9804980-2-6

**Deutschsprachige
Verlage 97/98**
Vlg. Schillerbuchhand-
lung Banger DM 144,-
ISBN 3-87856-061-3

**Dokumentation
deutschsprachiger
Verlage**
Hrsg. von Vinz, Olzog,
Hacker DM 88,--
ISBN 3-7892-9002-5

**Early Printed Books
Catalogue 1478-1840.**
5 vols. 1994 ff. Cplt ap-
prox. 3250 pages.
Bowker-Saur DM 2995,-
ISBN 1-85739-003-2

**Eymers Pseudonymen-
Lexikon**
672 S. Kirschbaum DM
86,- ISBN3-7812-1399-4

**Gesamtkatalog der
Wiegendrucke**
Bisher erschienen Bd 1-9
Hiersemann
ISBN 3-7772-6814-3

Grün, Heinrich
Sex ist gut fürs Denken
Der erotische Zitaten-
schatz
1997, 96 S. geb. Eich-
horn DM 19,80
ISBN 3-8218-3472-2
*Jeden treibt seine
Lust.* Vergil

Haining, Peter
**Das grosse Gespen-
sterlexikon. Geister,
Medien und Autoren**
1996. 320 S. Gondrom
Bindlach Pp DM 16,80
ISBN 3-8112-1420-9

Handbuch der Editionen
Jährlich erscheinendes Nachschlagewerk zeitgenössischer multiplizierter Kunst
Band 1-3 je DM 44,-
Band 4, 1996-97
DM 58,-
inkl. CD-Rom, Galerie Depelmann Edition
ISBN 3-928330-17-9

Hensel, Georg
Spielplan
Der Schauspielführer von der Antike bis zur Gegenwart
2 Bände, 1735 S., ca 500 Abb., geb. List,
DM 128,-
ISBN 3-471-77888-8

Hienz, Hermann A.
Schriftsteller-Lexikon der Siebenbürger Sachsen.
Bio-bibliographisches Handbuch für Wissenschaft, Dichtung und Publizistik.Band V
A - C. 1995. 552 S. Böhlau Köln Gb
DM 52,-
ISBN 3-412-09795-0

International Book Trade Directory.
3rd ed. 1996. Approx. 756 pages. Saur, Hard approx DM 498,-
ISBN 3-598-22236-X

Jäger, Andrea
Schriftsteller aus der DDR.
Autorenlexikon.
1995. XIII,625 S. Lang, Gb DM 148,-
ISBN 3-631-48646-4

Jänsch, Erwin
Vampir Lexikon. Die Autoren des Schreckens und ihre blutsaugerischen Kreaturen.
200 Jahre Vampire in der Literatur. 1995. 350 S., 80 Abb. AV-Vlg Pb
DM 26,-
ISBN 3-925274-71-5

Handbuch der deutschen Literaturgeschichte.
Abt. 2: Bibliographien. Bd 6: Das Zeitalter der Aufklärung. 1974. 76 S. Francke, Gb DM 44,-
ISBN 3-7720-0389-3

Handbuch der Kulturpreise 1986-94. Preise, Stipendien, individuelle Projektförderung für Künstler, Autoren und Kulturvermittler. 1994. 1062 S. ARCult Gb DM 89,-
ISBN 3-930395-02-9

Harenberg Schauspielführer.
Die ganze Welt des Theaters: 265 Autoren, mehr als 750 Werke in Wort und Bild. 1997. 1280 S., 1115 Abb. Harenberg geb. DM 98,-
ISBN 3-611-00541-X

Harenberg Literaturlexikon. Autoren, Werke und Epochen, Gattungen und Begriffe von A bis Z. 1997. 1152 S., 1100 Abb. Harenberg geb. DM 98,-
ISBN 3-611-00539-8

Katalog Internationaler Pressen, Klein- u. Selbstverlage
zur Mainzer Minipressen-Messe 1997/98
Hrsg. Kipp, J.
ISBN 3-00-001472-1

Katalog der Zentralbibliothek für Medizin,
Köln. Mikrofiche-Edition. Autoren-Sachtitel-Katalog. Schlagwort Katalog. 1984. ca. 330000 Karten auf 176 Fiches. Lesefaktor 42x. Saur, DM 3400,-
ISBN 3-598-30353-X

Katalog-Lexikon zur österreichischen Literatur des 20. Jahrhunderts
Hrsg.: G. Ruiss, 4 Bde, 3000 S., 1500 Autorenportr. IG Autorinnen Autoren DM 212,-
ISBN 3-900419-18-3

Kautter, F. /Kraeft, J.
Kleines Verlagslexikon.
Die wichtigsten Begriffe aus den Bereichen Anzeigen, Herstellung, Vertrieb und Werbung. 1995. 272 S., 40 Abb. Beruf + Schule Efal ca DM 35,-
ISBN 3-88013-495-2
Ein handliches, übersichtliches Lexikon für Mitarbeiter in Presse- und Buchverlagen, Buchhandlungen und im Produktionsbereich.

Kienzle, Siegfried
Schauspielführer der Gegenwart.
910 Stücke von 175 Autoren auf dem Theater seit 1945. 5. Aufl. 1990. VII,661 S. Kröner, Ln DM 39,80
ISBN 3-520-36905-2

Das Jahrhundertwerk!

21 Bände, 21.000 Buchseiten, 18.000 Werkbeschreibungen von über 6.000 Autoren, 113 cm breit, 28 kg schwer – und das alles für sage und schreibe DM 498,–!

KINDLER

Killy, Walter
Literatur Lexikon
Autoren und Werke
deutscher Sprache
15 Bände, 7800 S. 900
Farbtafeln, Bertelsmann
Ln DM 2520,-
ISBN 3-577-04671-6
Hldr 3420,-
ISBN 3-577-03701-6

**Kinder- und Jugend-
literatur.**
Ein Lexikon. Autoren.
Illustratoren. Verlage.
Begriffe. 1995. ca.
1300S., ca. 250 Abb. Co-
rian Grundw. mit 4 Erg-
Lfg 2 Ord DM 148,-
ISBN 3-89048-150-7

**Die Kinder- und Ju-
gendliteratur der öster-
reichischen Verlage.**
Katalog 1995. 1995. 72
S., 300 Abb. Autoren-
solidarität Br DM 7,-
ISBN 3-900419-20-5

**Kindlers Neues Litera-
tur Lexikon**
Studienausgabe, 21 Bän-
de, über 21000 S. Br. in
4 stabilen Schubern
Kindler DM 498,--
ISBN 3-463-43200-5
**Eine phantastische
verlegerische Leistung.**

**Kleines literarisches
Lexikon.**
Bd 1: Autoren I. Von den
Anfängen bis zum 19.
Jahrhundert. 4. Aufl.
1969. 840 S. Francke,
Gb DM 29,80
ISBN 3-7720-0601-9

**Knaurs Grosser
Schauspielführer.**
Mehr als 1000 Einzel-
darstellungen zu Werken
und Autoren. 1988.

Neuaufl. 1992. 52 Abb.
Knaur Tb. Kt DM 19,90

**Knaurs Lexikon der
Weltliteratur.**
Autoren - Werke - Sach-
begriffe. 1992. 705 S.
Droemer Knaur Efal
DM 58,-
ISBN 3-426-26625-3

Kriminalistik-Lexikon.
3. Aufl. 1996. VII,365 S.
Hüthig DM 38,-
ISBN 3-7832-0995-1

**Kritisches Lexikon zur
deutschsprachigen
Gegenwartsliteratur**
Hrsg. Arnold, H. L.
Loseblattwerk, 9.600 S.
in 9 Ordnern, edition text
+ kritik, DM 390,--

Kreuzer, Helmut
**Aufklärung über Lite-
ratur.** Ausgewählte Auf-
sätze. Bd II: Autoren und
Texte. 1993. II,307 S.
Winter, Ln DM 65,-
ISBN 3-8253-4590-4

Krywalski, Diether
**Knaurs Lexikon der
Weltliteratur.**
Autoren, Werke, Sach-
begriffe. Knaur Tb.Kt
DM 22,90
ISBN 3-426-77169-1

Kytzler, B. /Latacz,
J./Sallmann, K.
**Lexikon antiker Auto-
ren.** Literarische Porträts
von Homer bis Boethius.
1996. 580 S. Insel-Tb. Kt
DM 29,80
ISBN 3-458-33556-0

Kytzler, Bernhard
**Reclams Lexikon der
griechischen und römi-
schen Autoren.**

1997. 531 S. Reclam,
Gb DM 29,80
ISBN 3-15-029618-8

**Lexikon der erotischen
Literatur.**
Werke - Autoren - The-
men /Aspekte.
1992. Stand: 1997. ca
2000 S.,ca. 200 Abb.
Corian Grundw. mit 6.
Erg.-Lfg. 2 Ord. DM
198,-
ISBN 3-89048-050-0

**Lexikon des gesamten
Buchwesens.**
ca. 6 Bde in je 8 Lfgn.
1985 ff. Je Lfg 80 S.
Hiersemann, je Lfg 48,-
ISBN 3-7772-8527-7

**Lexikon der
Kriminalliteratur.**
Autoren. Werke. Themen
/Aspekte. Corian
Grundw. mit 18. Erg.-
Lfg 4 Ord DM 298,-
ISBN 3-89048-600-2

**Lexikon der österrei-
chischen Kinder- und
Jugendliteratur.**
Teil 1: Autoren und
Übersetzer. ca. 150
schw.-w. Porträts. Teil 2:
Illustratoren. Zus.232 S.,
Tl 2: 95 farb. u. schw.-w.
Ill. Buchkultur Br zus
DM 69,-
ISBN 3-901052-17-8

**Lexikon der Autoren
und Werke.**
321 S. Klett Kt DM
26,80
ISBN 3-12-347480-1

**Lexikon der treffenden
Verse.**
Dichterzitate aus drei
Jahrtausenden – nach
Stichworten von A - Z

geordnet. 1995. Ullstein TB Br DM 16,90
ISBN 3-548-35450-5

Der Literatur-Brockhaus
Hrsg W. Habicht, W.-D. Lange. 3 Bände, 1988. 2100 S., 1600 meist farb. Abb., Brockhaus, Ln. DM 534,--
ISBN 3-7653-0400-X
als überarbeitete Taschenbuchausg. in 8 Bd.,1995. 3328 S. 700 Abb. kt. in Kass., Brockhaus, DM 98,-
ISBN 3-411-11800-8

Die Literatur der österreichischen Kunst-, Kultur- und Autorenverlage.
Katalog 1997. 130 S., Autorensolidarität DM 7,- ISBN 3-900419-23-X

Lexikon der Weltliteratur. Bd 1: Biographisch-bibliographisches Handwörterbuch nach Autoren und anonymen Werken. 3. Aufl. 1988. 1692 S. Kröner, Ln DM 163,-
ISBN 3-520-80703-3

Lexikon deutsch-jüdischer Autoren. Bd 1: A - Benc. 1992. XXXIV,488 S. Saur, Gb DM 228,-
ISBN 3-598-22681-0

Lexikon deutschsprachiger Schriftsteller. Von den Anfängen bis zur Gegenwart. Bd 2: 20. Jahrhundert. 1993. 960 S. Olms, Ln DM 98,-
ISBN 3-487-09611-0

Lexikon zur lateinischen Literatur.

Fachbegriffe und Autoren.Klett Kt DM 12,-
ISBN 3-12-604310-0

Lichtband - Autoren-Bild-Lexikon. 1980. 264 S. Kreis d. Freunde um P Coryllis Pb DM 18,-
ISBN3-88319-017-9

Literarische Agenturen International.
Handbuch für Autoren mit Beilage. 1995. 250 S. Danowski Br SFr 79,-
ISBN 3-906653-38-2

Literarisches Leben in Österreich
Handbuch 97
Hrsg. G. Ruiss, 1997, ca 800 S. IG Autorinnen Autoren DM 50,-
ISBN 3-900419-21-3

Lüthi, Hans W.
Who's Who Adressbuch - Annuaire. Editeurs et libraires catholiques dEurope 1995. 1996. 119 S. ELCE Br DM 9,-
ISBN 3-905559-00-5

Medizinisches Schriftsteller-Lexikon der jetzt lebenden Ärzte, Wundärzte, Geburtshelfer, Apotheker und Naturforscher aller gebildeten Völker. 33 Bände. Copenhagen 1830-1845. 1994. 17488 S. auf 67 Mikrofiches. Archiv d. europ. Lexikographie. Fischer, Harald iKass DM 1720,- ISBN 3-89131-186-9

Metzler Autoren Lexikon.
Deutschsprachige Dichter und Schriftsteller vom Mittelalter bis zur

Gegenwart. Herausg. v. Bernd Lutz. 2. Aufl. 1994. X,906 S., 429 Abb. Metzler, Gb DM 78,-
ISBN 3-476-00912-2
Ungekürzte Sonderausgabe 1997 ca DM 39,80
ISBN 3-476-01573-4

Metzler Literatur Lexikon
Begriffe und Definitionen.
Hrsg. I.u.G.Schweikle, 2. überarb. Aufl. 1990, Metzler, DM 49,80
ISBN 3-476-00668-9

Meusel, Johann G.
Lexikon der vom Jahre 1750 -1800 verstorbenen teutschen Schriftsteller. 15 Bde. Reprint d. Ausgabe Leipzig 1802-16. 1967-1968. Zus. 8161 S. Olms, Ln zus DM 1980,-
ISBN 3-487-01690-7

Meusel, Johann G.
Lexikon Deutscher Schriftsteller 1750-1800. Bd I: Reprint d. Aufl. 1802. 1997. 775 S. Danowski Br SFr 3400,-
ISBN 3-906584-72-0

Netenjakob, Egon
TV-Filmlexikon.
Regisseure, Autoren, Dramaturgen 1952-1992. 1994. 528 S. Fischer Kt DM 29,90
ISBN 3-596-11947-2

Özerturgut, Ömer
Lexikon der türkischen Literatur.
Einführung für Bibliothekare. Bd 1: Autoren. 1988. ca. 300 S. Özerturgut, Br ca DM 36,-
ISBN 3-9800455-3-6

PONS Fachwörterbuch Druck- und Verlagswesen. Englisch-Deutsch/Deutsch-Englisch. 364 S., zweispaltig, ca. 5000 Stichw. u. Wendungen Klett Kst DM 58,-
ISBN 3-12-517970-X

Panzer, Fritz
Verlagsführer Österreich. Das umfassende Nachschlagewerk zur Verlagslandschaft Österreichs. 1995. 328 S. Buchkultur Br
DM 42,80
ISBN 3-901052-21-6

PEN-Autorenlexikon. 1996/97. 1996. 420 S. Steidl Tb. Br DM 24,-
ISBN 3-88243-381-7

Pleticha, H.
Literatur Lexikon. Sprache, Lebensbilder, literarische Begriffe, Epochen. 1996. 256 S. dtv junior DM 19,90
ISBN 3-423-73517-4

Publishers Practical Dictionary in 20 Languages /Dictionnaire pratique de l'Edition en 20 Langues /Wörterbuch des Verlagswesens in 20 Sprachen. 3rd ed. 1983. XI,418 pages. Saur, DM 198,-
ISBN 3-598-10449-9

Quellet, Henri
Bibliographia indicum, lexicorum et concordantiarum auctorum latinorum. ...des auteurs latins. 1980. IX,262 S. Olms, Pb DM 78,-
ISBN 3-487-07014-6

Rassmann, F.
Lexikon Deutscher Pseudonymer Schriftsteller. Reprint d. Ausg. 1830. 1997. 260 S. Danowski Br SFr 1500,-
ISBN 3-906585-03-4

Reallexikon der deutschen Literaturwissenschaft Bd I 754 S. Ln, Subskr. bis 31.12.97 DM 198,- danach DM 248,- de Gruyter
ISBN 3-11-010896-8

Rehm, Margarete
Lexikon Buch - Bibliothek - Neue Medien. 1991. VII,294 S.Saur, K G /SVK Br DM 58,-
ISBN 3-598-10851-6

van Rinsum, A. und W.
Lexikon literarischer Gestalten
Band 1: Deutschsprachige Werke 1993 DM 36,--
ISBN 3-520-42002-3
Band 2: Fremdsprachige Werke 1990 DM 42,--
ISBN 3-520-42101-1

Der Romanführer. Der Inhalt der Romane und Novellen der Weltliteratur.
Bisher erschienen Band 1 - 32. 1952 - 1996. Großoktav. Ln., Hiersemann, DM 238,-
ISBN 3-7772-50001-5

Rothmann, K.
Kleine Geschichte der deutschen Literatur 1997, 412 S., Gb., Reclam DM 24,80
ISBN 3-15-029619-6

Lexikon Deutscher Schriftsteller. Bd I: A - C. Reprint d. Aufl. 1796. 1997. 682 S. Danowski Zch Br SFr 3000,-
ISBN 3-906584-71-2

Der Schauspielführer. Der Inhalt der wichtigsten Theaterstücke aus aller Welt. Bisher erschienen Band 1 - 16. 1953 - 1995. Großoktav, Ln., Hiersemann, DM 228,-
ISBN 3-7772-5305-7

Schock, Axel
Die Bibliothek von Sodom Das Buch der schwulen Bücher. 1997. 240 S., zahlr. Abb., geb. Eichborn DM 36,-
ISBN 3-8218-0477-7
Ein Führer durch die Welt der schwulen Literatur

Schriftsteller in Mecklenburg-Vorpommern. Ein Nachschlagewerk. 1994. 176 S., 80 Fotos federchen DM 5,-
ISBN 3-910170-19-6

Sowinski, Bernhard
Lexikon deutschsprachiger Mundartautoren 1997, 827 S. gebd. Olms DM 138,-
ISBN 3-487-10381-8
Verzeichnis von über zehntausend deutschsprachiger Mundartautoren in Vergangenheit und Gegenwart und ihre veröffentlichten Texte. Kompliment dem Autor und Verlag für diese wertvolle Unterstützung der Mundartdichtung: Jut jemacht!

Segeberg, Harro
**Literatur im techni-
schen Zeitalter**
Von der Aufklärung bis
zum Beginn des ersten
Weltkrieges
1997. 428 S.20 Abb.
gebd. DM 98,-
ISBN 3-534-13173-8

Theaterlexikon.
Autoren, Regisseure,
Schauspieler, Dramatur-
gen, Bühnenbildner,
Kritiker.
Neuaufl. XII/97. dtv Kt
DM 34,-
ISBN 3-423-03322-3

Tusculum Lexikon.
Griechische und Lateini-
sche Autoren des Alter-
tums und des Mittelal-
ters. 3. neubearb. u. erw.
Aufl. 1982. XXIII,862 S.
Artemis Ln DM 96,-
ISBN 3-7608-1641-X

Veit, Manfred
Rezensionswesen.
Kleines Lexikon des Re-
zensions- und Verlags-
wesens. 1986. 68 S., 1
Abb. Veit, Gh DM 13,50
ISBN 3-9801062-2-5

**Verzeichnis Lieferba-
rer Bücher 1997/98
VLB Aktuell** CD-
ROM-Ausgabe Deutsche
Version Kurzabo. Auto-
ren, Titel, Stichwor-
te,Schlagworte, Verlage,
ISBN Dt. /Engl. /Franz.
Buchhändler-Vereini-
gung/Saur, 2 CD-ROM-
Ausgaben jährlich: März
u. Sept. zus DM 1380,-
ISBN 3-7657-1927-7

**Verzeichnis Lieferba-
rer Bücher 1997/98
VLB** Bücherverzeichnis

im Autorenalphabet ku-
muliert mit Titel- und
Stichwortregister. 8 Bde.
27. Ausg. 1997. Zus. ca
17600 S., Anh.: Verlags-
verz. Buchhändler-
Vereinigung/ Saur, Kst
zus DM 948,-
ISBN 3-7657-2000-3

**Verzeichnis Lieferba-
rer Schulbücher VLS
1998.**
Bundesrepublik
Deutschland. Autoren-
/Titelalphabet, ISBN-
/Bestellnummern-
Register, Verlagsregister.
12. Ausg. 1998. ca. 1000
S. Buchhändler-Verein.
Ln DM 248,-
ISBN 3-7657-2005-4

Weigand, Jörg
**Pseudonyme - Ein Le-
xikon. Decknamen der
Autoren deutsch-
sprachiger erzählender
Literatur.**
2. Aufl. 1994. 421 S.
Nomos Br DM 68,-
ISBN 3-7890-3526-2

**Westfälisches Auto-
renlexikon.**
Im Auftrag des Land-
schaftsverbandes West-
falen-Lippe. Bd 1: 1750
bis 1800. 1993. 488 S.,
zahlr. Abb. Schöningh
Bei Abn. d. Gesamtw.
60,- Ln DM 68,-
ISBN 3-506-79741-7

**Westfälisches Auto-
renlexikon.**
Bd 2: 1801 bis 1850.
1994. 544 S., zahlr. Abb.
Schöningh.
Bei Abn. d. Gesamtw.
60,- Gb DM 68,-
ISBN 3-506-79742-5

von Wilpert, Gero
**Deutsches Dichter-
lexikon.** Biographisch-
bibliographisches Hand-
wörterbuch zur deut-
schen Literaturgeschich-
te. 3. Aufl. 1988. 911 S.
Kröner Ln DM 43,-
ISBN 3-520-28803-6

von Wipert, Gero
**Lexikon der
Weltliteratur**
X/1997, in 4 Bänden
3312 S. dtv bis 31.1.98
DM 98,- danach 128,-
ISBN 3-423-59050-5

**Verlagsauslieferungen
1995/96.**
Deutschland - Österreich
- Schweiz. 1995. 116 S.
Verlag d. Schiller-
Buchh. Br DM 36,-
ISBN 3-87856-045-1

Hier sind die großen
Lexika, die großen
Krambuden der Lite-
ratur, wo jeder ein-
zelne sein Bedürfnis
pfennigweise nach
dem Alphabet abho-
len kann! (Traufreund)
Goethe, Die Vögel

Literatur-
Kalender
Tagebücher

Paris war eine Frau
*Der literarische
Frauenkalender 1998.*
56 Blatt, 24x32 cm,
zweifarbig, Spiralbin-
dung,
ed. ebersbach DM 39,80
ISBN 3-931782-81-6
Nach dem Bestseller
von Andrea Weiss (sie-
he *Autorinnen*) jetzt der
Kalender. Nicht nur für
frankophile Literatur-
freunde, nicht nur für
Literaturfreundinnen:
Die literarische Inter-
nationalität und Atmo-
sphäre der Pariser Li-
teraturszene des *Rive
gauche* sind in diesem
stimmungsvollen, in-
formativen und litera-
rischen Bildkalender
eingefangen. Ein Muß!

**Der literarische
Katzenkalender 1998**
55 Blatt, zweifarbig,
24x32 cm, Spiralbin-
dung, Schöffling, ca DM
36,- ISBN3-89561-732-6

Hermann Hesse
Kalender 1998
32x42 cm 13 farb. Blät-
ter, Suhrkamp DM 34,-
ISBN 3-518-40856-9

**Alte Bibliotheken
in Schwaben**
47x58 cm, 13 Blatt, vier-
farbig, Spiralbindung,
Matthaes, DM 49,-
ISBN 3-87516-555-1
Die Kloster- und
Schloßbibliotheken in
Schwaben, Baden und
der Schweiz enthalten
bedeutende Sammlun-
gen. Dieser großforma-
tige Bildkalender ist ein
Augenschmaus für Bi-
bliophile ob in Schwa-
ben oder sonstwo: Die
schönsten Bibliotheken
mit den schönsten alten
Büchern in prächtiger
Farbfotografie.

Alice & Co
Aufbau Kinderbuch-
kalender 1998. 24 farb.
Postkarten, 28 Blatt, Spi-
ralbindung, 21x32 cm,
Aufbau DM 24,90
ISBN 3-351-02378-2

Fontane-Kalender 1998
12 Blatt, farbig u. s/w
Abb. 42x43 cm, Aufbau
DM 29,90
ISBN 3-351-02377-4

**Theodor F.
Streifzug durch die
Mark**
Bilder interpretieren
Texte eines der größten
deutschen Dichter
35x50 cm, Dipla
DM 29,50
Landschaftsmotive aus
Brandenburg fotografiert
von Gernot Stadler

Arche Literatur
Kalender 1998
56 Blatt, ca 60 farbige
Fotos, 24x28 cm, Arche,
DM 34,-
ISBN 3-7160-1998-4
Der Klassiker unter
den Literatur-Wand-
kalendern erscheint
1998 farbiger als bisher
und wieder unter einem
eigenen Thema:
»Lebensalter und Le-
bensphasen. Vom
Jungsein, vom Älter-
werden, von der Lust,
von der Melancholie.«
Aufbau Literaturka-
lender 1998
56 Blatt, 24x32 cm, far-
big u. s/w Ill., Spiralbindung, Aufbau DM 29,90
ISBN 3-351-02379-0

Kalligraphie '98
Schriftkunst aus dem
Klingspor-Museum
12 farb. Blätter, 48x55
cm, Spiralbindung,
Brönner, DM 59,-
ISBN 3-599-00812-4
Ein Kunstkalender in
gelungener Zusammen-
stellung, wunderschöne
Motive in hoher
Druckqualität u.a. von
Gaby Blam *(Goethe an
Brönner)*, Christine
Hartmann, Joan Miró,
Pablo Picasso, Her-
mann Zapf.

Isolde Ohlbaum
Autorenporträts
ars vivendi
DM 44,-
ISBN 3-931043-72-X

Der literarische Frauenkalender 1998

Ein stimmungsvoller Wandkalender für die 52 Wochen des Jahres über die legendären Frauen vom linken Seine-Ufer im Paris der 20er und 30er Jahre: Djuna Barnes, Janet Flanner, Gertrude Stein u.v.m.

PARIS WAR EINE FRAU
1998
Der literarische Frauenkalender

ISBN 3-931782-81-6
39,80 DM

edition ebersbach
Bornstraße 68 · 44145 Dortmund

Mit Goethe durch das Jahr 1998
144 S., 35 Abb. Artemis & Winkler DM 13,80
ISBN 3-7608-4798-2
Luxusausgabe in Leder DM 64,-
ISBN 3-7608-4828-1
Die 50. Folge steht unter dem Thema Liebe: Marianne von Willemer, Goethes Suleika.

Hermann Hesse 1998 CalenDarium
Tischkalender, Insel DM 9,80
ISBN 3-458-16848-6

Jahreszeiten Insel Kalender 1998
mit Texten von R.M. Rilke, ca 160 S. Insel DM 14,80
ISBN 3-458-33698-2

Tagebuch, Notizbuch, Skizzenbuch
130 S.,geb., Farbumschlag, Präsenz
Seraph DM 12,-
Mohn DM 16,-
Semaine DM 22,-
Für alle Schreiber ein Set für die Notizen unterwegs, das Tagebuch zu Hause und als *Scrap Book* zum Einkleben von Zitaten und Bildern ein querformatiger Band, alle ohne Linien oder Karos, in kräftigen blau-Motiven solide gebunden.

1000 Bücher rund ums Buch
ISBN 3-932909-90-9
Alle bibliografischen Informationen beruhen auf Verlagsangaben direkt an unser Lektorat oder an das VLB, Verzeichnis Lieferbarer Bücher.
Sie ahnen es: Wir haben uns redlich abgemüht, geben aber keine Gewähr für die Richtigkeit. Vollständigkeit haben wir nicht angestrebt. Anregungen und Vorschläge für die nächste Ausgabe sind willkommen:
Autorenhaus-Verlag Plinke Hattwichstr. 66 16548 Glienicke bei Berlin Tel. 033056 - 96300 Fax 033056 -77859

... der ultimative Ratgeber (Kultur!News)

Der Weg zum Buch (Spiegel special)

Seriöser, nützlicher Ratgeber (WAZ)

Erfreulich praxisorientiert, überraschend kurzweilig (NDR 3)

Geleitet Autoren sicher durch den Dschungel des Buchmarktes (Die Welt)

Auch Profiautoren nachdrücklich zu empfehlen (ORB)

Deutsches Jahrbuch für Autoren

Wie ich den richtigen Verlag finde oder mein Buch selbst verlege

Realistisch... überzeugend...
Verband deutscher Schriftsteller, Berlin

Das Handbuch für alle Autorinnen und Autoren mit vielen Anschriften von Verlagen, Branchen- und Literaturorganisationen, Literatur-Preisen und Zeitschriften, Beiträgen zu praktischen Problemen, Vertragsfragen, Pseudoverlagen und einer praktischen Anleitung: In 50 Schritten zum selbstverlegten Buch. **36 DM.**

Autorenhaus-Verlag Plinke
Hattwichstrasse 66, 16548 Glienicke bei Berlin
Tel. 033056 - 96300 Fax 033056 - 77859